음식이지만 과학입니다

스테판 게이츠

음식이지만 과학입니다

2019년 10월1일 1판1쇄 발행

글 스테판 게이츠 **옮김** 이진선
펴낸이 나춘호 | **펴낸곳** (주)예림당
등록 제2013-000041호
주소 서울시 성동구 아차산로 153 예림출판문화센터
구매 문의 전화 마케팅 561-9007 | **팩스** 562-9007
책 내용 문의 전화 3404-9245 | www.yearim.kr

편집 박효정/최혜원 | **디자인** 이정애/백지현
저작권 영업 문하영/김유미
제작 신상덕 | **영업 홍보** 김민경
마케팅 임상호 전훈승

ISBN 978-89-302-7119-6 74080
ISBN 978-89-302-7085-4 (세트)

이 책의 한국어판 저작권은 (주)예림당과 돌링 킨더슬리사와의
독점 계약으로 (주)예림당에 있습니다. 저작권법에 의해 한국 내에서
보호를 받는 저작물이므로 무단 전재와 복제를 금합니다.

Original Title :
Science You Can Eat

Text copyright © Stefan Gates 2019
A Penguin Random House Company
Korean translation copyright © 2019
YeaRimDang Publishing Co., Ltd.
This Korean edition was published by arrangement with
Dorling Kindersley Limited A Penguin Random House Company

First published in Great Britain in 2019
by Dorling Kindersley Limited
80 Strand, London WC2R 0RL

Printed and bound in China

A WORLD OF IDEAS:
SEE ALL THERE IS TO KNOW

www.dk.com

이 도서의 국립중앙도서관 출판예정도서목록(CIP)은
서지정보유통지원시스템 홈페이지(http://seoji.nl.go.kr)와
국가자료공동목록시스템(http://www.nl.go.kr/kolisnet)에서
이용하실 수 있습니다.(CIP제어번호: CIP2019027211)

어린이제품 안전특별법에 의한 제품 표시사항
제품명 도서 | **수입자명** (주)예림당 **제조국** 중국
전화번호 02)566-1004 | **사용연령** 8세 이상
주소 서울시 성동구 아차산로 153 | **제조년월** 발행일 참조
주의! 책 모서리가 날카로우니, 던지거나 떨어뜨려 다치지 않도록 주의하세요.

머리말

음식 속에 숨겨진 비밀을 찾는 과정은 아주 즐거워요.
우리가 먹는 모든 음식에는 별나고 충격적이고,
때로는 소름이 돋을 정도로 놀라운 과학이 숨어 있답니다.
달걀을 익히거나 빵으로 토스트를 만들 때마다
우리는 복잡하고 놀라운 물리학 법칙을
사용해 화학 반응을 일으키고 있거든요.
우리의 강력한 소화계는 걸어 다니는
실험실이고, 부엌은 번쩍거리는 과학 장비가
가득한 과학실이나 다름없어요!
자, 그럼 음식 속 과학을 탐험하면서
신나게 어지럽히고 즐겨 봐요.
(물론 정리하는 것도 잊으면
안 돼요!)

- 스테판

목차

- 6 음식의 탄생
- 8 음식이란 무엇일까?
- 10 맛
- 12 맛봉오리 속이기
- 14 우리는 어떻게 냄새를 맡을까?
- 16 세상에서 가장 냄새가 고약한 과일
- 18 우리는 왜 음식을 좋아할까?
- 20 소금과 놀라운 무기질 친구들
- 22 음식과 색깔
- 24 보글보글 지글지글 요리법
- 26 전자레인지
- 28 불 없이 요리하기
- 30 이상하고 신기한 음식들
- 32 비타민과 무기질
- 34 시리얼에서 철분 찾기!
- 36 팝콘은 왜 톡톡 튀어 오를까?
- 38 끈적끈적한 껌의 과학
- 40 물은 정말 대단해
- 42 톡 쏘는 콜라
- 44 아이스크림 만들기
- 46 형광 음료수 만들기
- 48 캔디 폭발!
- 50 멋쟁이 양배추
- 52 새콤한 과학
- 54 색이 변하는 양배추 마술

- 56 투명 잉크로 비밀 편지 만들기
- 58 달걀 속으로
- 60 달걀 탱탱볼 만들기
- 62 똑똑한 빵의 과학
- 64 빵은 왜 부풀어 오를까?
- 66 바나나는 왜 노랄까?
- 68 착한 곰팡이 나쁜 곰팡이
- 70 음식이 위험해질 때
- 72 매운 녀석들
- 74 양파를 까면 왜 눈물이 날까?
- 76 맛있는 슬라임
- 78 소화계로 떠나는 여행
- 80 초강력 침 실험
- 82 방귀가 나오는 음식과 오줌 폭탄
- 84 놀라운 채소의 세계
- 86 신기한 과일의 세계
- 88 고기의 비밀
- 90 가짜 고기
- 92 미래의 음식
- 94 벌레 한 스푼 하실래요?
- 96 찾아보기

음식의 탄생

대개는 맛 때문에 음식을 먹지만 음식이 필요한 **가장 큰 이유**는 에너지를 얻기 위해서예요. 음식의 에너지는 식물에서 만들어져요. 그럼 식물은 어떻게 에너지를 만들까요? 그건 바로 **광합성**이라는 화학 반응을 통해서예요. 광합성은 지구상의 모든 생명체가 사용하는 연료를 만들고, 공기 중의 이산화 탄소를 산소로 바꿔 주는 화학 반응이에요. 우리가 숨 쉴 때 들이마시는 바로 그 산소 말이에요. 광합성은 모든 생명체의 은인이라고 할 만큼 고마운 존재랍니다.

식물이 초록색을 띠게 만드는 엽록소는 식물의 잎에 있는 화학 물질이에요. 엽록소는 태양에서 흡수한 에너지로 광합성을 일으키지요.

광합성의 원리

햇빛을 연료로 화학 반응을 일으키는 식물은 흡수한 이산화 탄소와 물을 가지고 포도당과 산소를 만들어요. 그리고 에너지로 사용하고 남은 글루코오스를 모두 전분과 기름으로 저장하지요. 그래서 식물이나 식물을 먹고 자란 동물 고기를 먹으면 그 안에 저장되어 있던 화학 에너지가 다시 우리 몸에서 사용할 수 있는 에너지로 변해요.

이산화 탄소

식물은 잎 아랫면에 있는 '기공'이라는 구멍을 이용해 공기 중에 있는 이산화 탄소를 흡수해요.

기공을 확대한 모습이에요.

흙 속의 물과 무기질은 식물의 뿌리를 통해 흡수되어 잎사귀를 비롯한 식물 전체로 퍼져요.

물 과 무기질

산소

태양

계절의 과학

식물이 에너지를 만들기 위해 잎으로 햇빛을 흡수해야 한다면 겨울에는 왜 잎을 우수수 떨어뜨릴까요? 사실 겨울에는 햇빛이 부족해서 **광합성을 제대로 할 수 없기 때문에** 식물은 겨울잠을 잔답니다. 그리고 나뭇가지가 매서운 바람에 다치지 않도록 잎을 모두 떨어뜨리는 거예요.

겨울에는 나무가 잎에 있는 엽록소를 흡수하기 때문에 잎이 갈색으로 변해요. 나무는 다음 여름에 사용하기 위해 엽록소를 저장해 두지요.

직접 관찰해 보기

엘로데아 카나덴시스(*Elodea Canadensis*)라는 가래과 수초를 사용하면 광합성이 일어나는 모습을 실제로 관찰할 수 있어요. 이 수초는 반려동물 가게에서 찾을 수 있답니다. 수초의 맨 윗부분을 2cm 정도 잘라 낸 뒤에 아랫부분에 무거운 물체를 달아 뜨지 않게 만들어요. 긴 유리컵에 물을 채운 뒤 준비한 수초를 물에 완전히 담그세요. 그리고 불빛을 비춰 보세요. 1분도 안 돼 수초가 잘린 부위에서 작은 공기 방울이 나오는 모습을 볼 수 있을 거예요. 이게 바로 산소랍니다. 수초가 물속의 이산화 탄소를 흡수해서 광합성을 하는 것이지요.

공기 방울

깜짝 놀랄 만한 광경은 아니지만 세상에서 가장 귀중한 화학 반응을 직접 눈으로 볼 수 있다는 사실이 신기하지 않나요?

지구상의 거의 모든 생명체가 먹는 음식은 광합성 덕분에 존재해요. 광합성이 없다면 지구상의 생명체는 모두 사라지고 말 거예요.

음식이란 무엇일까?

건강한 어른이라면 누구나 매년 1톤 쯤 되는 양의 음식을 먹어요. 그러니까 '음식이 뭐지?'라는 질문이 좀 이상하게 들릴 수 있겠네요. 하지만 단순해 보이는 달걀이나 고기, 양상추도 놀랄 만큼 복잡하고 많은 화학 물질을 포함하고 있답니다. **화학 물질을 먹는다는 게 낯설고 거북하게 들리겠지만** 우리는 실제로 음식을 먹을 때마다 그렇게 하고 있어요. 전화기나 자동차, 신발은 물론 손가락과 뇌를 비롯한 우리 몸과 음식까지 모두 다양한 방법으로 조합된 화학 물질로 만들어졌기 때문이지요.

물

우리는 우리 몸에 필요한 어마어마한 양의 물을 음식에서 얻어요. 건조해 보이는 음식들에도 의외로 굉장히 많은 물이 들어 있어요. 예를 들면 **체다치즈**는 37%, **양상추**는 95%가 물로 이루어져 있지요.

음식에는 무엇이 들어 있을까?

3대 영양소
에너지를 만들어 주는 영양소예요. 단백질과 탄수화물, 지방 세 가지 종류가 있지요.

미량 영양소
우리 몸에 필요한 양은 아주 적지만 없어서는 안 되는 중요한 영양소예요. 비타민과 무기질로 나뉘어요.

식이 섬유
장 건강에 아주 중요해요.

물
어떤 음식에나 많이 들어 있고 우리 몸에 필수예요.

비영양소
냄새나 맛을 만들어 내는 첨가제, 색소, 광택제, 유화제, 산성 물질, 음식이 썩지 않게 해 주는 첨가제, 젤라틴, 기체, 감미료 등이 여기에 속해요. 비영양소는 요리를 하고 맛을 내는 데는 중요할지 몰라도 우리 몸에 꼭 필요한 건 아니랍니다.

식이 섬유

우리 몸속의 '효소'로 분해할 수 없는 영양소예요. (크고 복잡한 영양분을 작고 단순한 영양소로 분해하기 위해 입속의 침과 위장, 소장에서 분비되는 화학 물질을 효소라고 해요.) **야채, 콩, 곡물**에는 식이 섬유가 많이 들어 있답니다. 소화 기관이 튼튼해지려면 이런 음식들을 충분히 먹어야 해요.

우유에는 미량 영양소인 칼슘이 듬뿍 들어 있어요. 칼슘은 치아와 뼈의 건강을 지켜 주지요.

음식과 건강

음식이란 '사람이나 동물, 식물이 생명을 유지하고 성장하기 위해서 먹거나 마시고 흡수하는 모든 영양가 있는 물질'을 뜻해요. 모든 영양소는 우리가 살아가는 데 꼭 필요하기 때문에 음식이 없다면 우리 몸의 장기들은 망가지고 말 거예요. 하지만 설탕이나 지방은 너무 많이 먹으면 몸이 아플 수도 있어요. **균형 잡힌 식단**으로 식사를 하고 활동적으로 생활하는 것이 건강에 가장 좋지요.

단백질

망가진 세포를 고치고 새로운 세포를 구성할 뿐만 아니라 근육과 뼈, 피부를 만드는 데 필수적인 영양소예요. 그래서 어른을 기준으로 매일 단백질을 60g 정도 섭취해야 해요. **고기와 생선, 달걀, 유제품, 콩류, 견과류, 씨앗**에 많아요.

탄수화물

우리 몸에 필요한 에너지를 가장 많이 만들어 주는 영양소예요. 다양한 형태로 몸속으로 들어오는데, 가장 단순한 당류와 그보다 복잡한 전분이 있어요. 전분은 **콩이나 면, 빵**에 많지요. 우리 몸은 음식을 소화시킬 때 복잡한 탄수화물을 단순한 당류로 분해한 뒤에 에너지를 만드는 데 사용해요.

지방

우리 몸을 유지하는 데 꼭 필요한 영양소로, 대체로 필수 미량 영양소를 포함하고 있어요. 지방은 크게 두 가지 종류로 나눌 수 있어요. 포화 지방산은 실온에서 고체인 지방인데 **치즈, 버터, 고기**에 많아요. 실온에서 액체인 불포화 지방산은 주로 **올리브유, 해바라기씨유, 아보카도**에 들어 있답니다.

혀로 느끼는 맛

맛 수용체

신경 섬유

혀는 아주 작은 돌기로 뒤덮여 있는데, 그 안에는 맛을 느끼는 맛봉오리가 있어요. 어린이 혀에는 약 10,000개, 어른에게는 6,000개 정도가 있지요.

단맛

설탕은 굉장히 달콤해요. 우리 몸은 태어날 때부터 달콤한 맛에 끌리도록 진화했어요. 단 음식에는 에너지가 어마어마하게 많아서 단 음식을 잘 먹은 조상들이 오래 살아남았기 때문이지요.

맛

맛을 즐길 수 있게 해 주는 우리 혀는 정말 놀라워요! 혀는 수많은 수용체를 이용해 맛과 질감을 분석하고 맛 정보를 뇌로 전달할 수 있거든요. 하지만 아무리 똑똑해도 **다섯 가지 맛**밖에 구별할 수 없어요. 바로 단맛과 짠맛, 감칠맛, 쓴맛, 신맛이지요.

짠맛

보통 짠맛이라고 하면 맛을 더 좋게 할 때 음식 위에 뿌리는 소금을 떠올려요. 하지만 간장이나 치즈, 해조류와 같은 다양한 음식에서도 짠맛이 난답니다. 소금은 우리 몸에 꼭 필요하지만 지나치게 많이 먹으면 건강에 해로워요.

사과를 비롯한 몇몇 과일 씨앗에는 독성이 있는 청산가리 성분이 아주 조금 들어 있는 경우가 있어요.

쓴맛

우리 혀는 쓴맛에 아주 민감해서 사람들은 대부분 쓴맛을 싫어해요. 하지만 커피처럼 쓴 음료는 전 세계적으로 인기가 있고, 방울양배추처럼 쓴맛이 나는 채소도 즐겨 먹지요.

맛에 특별히 민감한 사람을 '초미각자'라고 해요. 초미각자들은 쓴 음식 맛은 더 쓰고, 단 음식은 더 달게 느껴요. 여러분 중에도 초미각자가 있을지 몰라요!

우리가 쓴맛을 싫어하는 이유는 살아남으려고 쓴 음식을 먹지 않은 조상들 때문일 거예요. 독성이 있는 음식은 대부분 쓴맛이 나거든요.

신맛

짜릿한 신맛은 레몬이나 오렌지, 토마토, 식초와 같은 산성 음식에서 느낄 수 있어요. 산성 성분은 썩는 속도를 늦춰 주기 때문에 대부분의 과일은 약간 산성을 띠어요. 사람들은 그냥 신맛보다 새콤달콤한 맛을 더 좋아해요.

감칠맛

감칠맛은 일본어로 '기분 좋은 짭짤한 맛'이라는 뜻을 가진 '우마미' 맛이라고도 해요. 감칠맛이 있는 음식은 깊고 풍부한 맛을 내는데, 버섯, 치즈, 고기, 구운 토마토 등 여러 음식에서 느낄 수 있답니다.

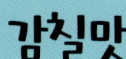

과학자들은 지금까지 맛 수용체에서 감지할 수 있는 다양한 맛에 대해 밝혀냈어요. 하지만 미각은 너무나 복잡해서 아직도 사람이 정확히 어떻게 맛을 느끼는지 알아내려면 한참 멀었답니다.

맛봉오리 속이기

맛이 **미각이 아닌 다른 감각에** 크게 영향을 받는다는 사실을 증명해 주는 재미있는 장난 하나를 소개할게요. **시각 하나만으로도** 우리가 느끼는 맛을 속일 수 있답니다. 결과에 영향을 줄 수 있기 때문에 친구들에게 들키지 않도록 몰래 준비하세요.

1

큰 그릇에 물 600ml, 설탕 6티스푼, 레몬즙 2티스푼을 넣은 뒤 식용 색소를 4~6방울 떨어뜨리고 잘 저어 설탕을 녹이세요.

2

작은 컵 네 개에 똑같이 나눠서 같은 색깔 음료수를 네 개 만들어요.

3

남은 큰 그릇 네 개에 물 600ml, 설탕 6티스푼, 레몬즙 2티스푼을 넣고 같은 과정을 반복해 총 다섯 가지 색 음료수를 네 잔씩 만들어요. 모든 사람이 각자 다섯 가지 색 음료수를 하나씩 가질 수 있도록 컵에 담아요.

준비물

- 물
- 정제 설탕
- 레몬 3~4개 분량의 레몬즙
- 빨간색, 주황색, 노란색, 파란색, 초록색 식용 색소
- 큰 그릇 5개
- 티스푼
- 작은 컵 20개
- 종이와 연필

이 준비물은 총 네 명에게 실험할 수 있는 양이에요. 실험할 친구가 더 많거나 적다면 양을 조절하세요.

원리가 무엇일까?

우리 뇌는 음식이나 음료수의 맛을 느끼기도 전에 눈으로 보자마자 맛을 예상하기 시작해요. 뇌가 어떤 예상을 하는지에 따라 우리가 느끼는 맛이 영향을 받지요. 그래서 맛이 똑같더라도 색이 다르면 맛을 다르게 느끼는 것이랍니다.

4 아래 표를 종이에 똑같이 그리고 친구 네 명에게 한 장씩 주세요. 친구들에게 음료수를 모두 맛보고 각 음료수에 어떤 맛이 나는지 네모 칸에 X 표시를 해 달라고 말해요.

5 표시한 종이를 비교해 보고 음료수 색에 따라 친구들이 어떤 선택을 했는지 살펴봐요. 친구들은 아마도 음료수 맛이 서로 다르다고 확신할 거예요. 모든 음료수가 똑같은 맛인데도 말이죠!

무슨 맛 음료수일까요?

음료수의 색깔과 맛을 짝지어 네모 칸에 X 표시해 주세요.

	레몬	딸기	블루베리	사과	오렌지
빨간색					
주황색					
노란색					
파란색					
초록색					

이 속임수는 모든 친구에게 통하지 않을지도 몰라요. 만약 이 장난을 눈치챈 친구가 있다면 미각이 뛰어나다고 칭찬해 주세요!

우리는 어떻게 냄새를 맡을까?

냄새는 음식을 맛있게 느끼도록 해 주는 아주 중요한 역할을 맡고 있어요. 그런데 음식에서 나는 냄새의 정체는 무엇일까요? 공기 중으로 쉽게 증발해서 떠다니는 물질을 휘발성 물질이라고 하는데, 냄새는 음식의 휘발성 물질에서 나와요.
이 물질은 숨을 쉴 때 코로 들어와서 눈 뒤쪽에 있는 신경계의 한 부분인 **후각 망울**의 **화학 수용체**로 이동하지요. 그러면 화학 수용체는 냄새 정보를 뇌로 전달한답니다.

후각 망울

화학 수용체

냄새 분자

사람들은 후각 능력이 저마다 달라요. 그래서 어떤 사람들이 굉장히 좋아하는 냄새를 다른 사람들은 싫어할 수도 있지요!

코의 점액은 끊임없이 흘러나오면서 10분마다 완전히 새로 교체돼요. 그래서 우리는 한 가지 냄새를 맡은 다음에 곧바로 다른 냄새를 맡을 수 있지요.

불가사의한 냄새의 세계

우리는 아직 냄새가 어떤 역할을 하고, 냄새 분자들이 어떻게 화학 수용체에 붙는지 정확히 알지 못해요. 하지만 과학자들은 우리가 들이마시는 냄새 분자들이 코에 있는 끈적한 점액을 통해 화학 감지기에 감지된다는 사실을 밝혀냈답니다. 아직 어떻게 감지하는지에 대해서는 **수수께끼로** 남아 있지만 말이죠. 그래도 이렇게 감지된 냄새 정보가 약한 전기 신호로 뇌에 전달되는 것만은 확실해요.

냄새의 종류

냄새 전문가들은 냄새를 간단히 몇 가지 종류로 나누기도 해요. 냄새를 분류하면 우리가 맡은 냄새가 무엇인지 설명할 때 편리하답니다. 여기서는 간단히 열 가지 종류만 소개할게요.

향긋한 향 (꽃이나 향수)

달콤한 향 (초콜릿이나 사탕, 바닐라)

나무 향 (방금꺾은 풀, 소나무)

과일 향 (감귤류를 제외한 과일)

화학 약품향 (세제)

박하 향 (유칼립투스 나무, 박하 잎)

상큼한 향 (오렌지, 레몬, 라임)

고소한 향 (팝콘, 아몬드, 땅콩잼)

톡 쏘는 향 (스모크치즈, 블루치즈, 홍어)

썩은 냄새 (상한 고기나 상한 달걀, 상한 우유)

음식을 먹기 전에 킁킁 냄새를 맡아 보고 어떤 종류의 냄새인지 알아 보세요!

> 사람마다 유전적 차이 때문에 후각 능력이 다를 수 있어요. 전 세계 사람들 중 2% 정도는 축축한 땀 냄새를 맡지 못한답니다!

세상에서 가장 냄새가 고약한 과일

뾰족뾰족 무서운 가시가 박힌 커다란 **두리안**은 동남아시아에서 '과일의 왕'이라고 불려요. 하지만 두리안을 먹어 본 사람들의 말을 들어 보면 맛이 아주 좋다거나, 끔찍하다는 두 가지 의견으로 갈리지요. 사실 두리안은 냄새가 너무 심해서 태국에서는 공공장소에서 먹지 못하고, 싱가포르에서는 대중교통에 가지고 탈 수 없어요. 그럼에도 많은 사람이 그 맛을 좋아해, 전 세계에서 비싼 값에 팔리고 있답니다.

어떤 냄새가 날까요?

두리안은 여러 가지가 복잡하게 섞인 냄새가 나요. 꽃향기와 썩은 양파, 땀에 젖은 속옷, 휘발유, 커스터드 크림, 상한 달걀, 치즈, 그리고… 미안한 말이지만 똥 냄새도 난답니다. 이런 두리안의 고약한 냄새를 만드는 물질은 화학 용어로 지방산과 황화합물이라고 해요.

어떤 맛이 날까요?

많은 사람이 두리안 맛을 역겹다고 하지만 그 맛과 향을 좋아하는 사람도 적지 않아요. 이 사람들은 두리안이 크림처럼 진하고 부드러우며 달콤하고 고소하다고 표현해요. 그래도 덜 익은 두리안은 향이 좀 순하고 부드러운 편이에요.

겉껍질

과일 속으로

단단한 가시가 박힌 껍질 속에는 과육이 다섯 조각으로 나뉘어 있고, 과육마다 씨앗이 세 개씩 들어 있어요. 보통 과육을 가장 많이 먹지만 씨앗도 볶거나 굽고 끓여서 먹기도 해요. 씨앗에는 독성 지방산이 있어서 익히지 않고 먹으면 사람에게 해로울 수 있어요. 하지만 특이하게도 오랑우탄은 이 독에 면역력이 있어서 씨앗을 마음껏 먹을 수 있답니다. 오랑우탄은 강철 위장을 가졌나 봐요.

과육 조각

두리안이 자라는 모습

두리안은 여러 품종이 있지만 그중 두리오 지베티누스(*Durio zibethinus*)를 가장 많이 먹어요. 이 품종은 과일에서 떨어지는 달콤한 즙을 먹기 위해 날아든 박쥐를 통해 꽃가루를 이동시키지요.

두리안 나무는 굉장히 큰데 열매도 축구공만큼이나 커요. 무게가 4kg이나 된답니다.

생김새

우리는 **음식이 입에 닿지 않아도** 보는 것만으로 즐거움을 느껴요. 그래서 배가 고픈 사람이 음식 사진을 보면 뇌로 흐르는 피의 양이 순식간에 늘어나지요. 하지만 파란색 파스타면이나 초록색 감자처럼 음식이 낯설게 생긴 경우에는 맛이 없어 보여요. 맛과 향이 그대로라도 말이죠.

연구에 따르면 음식을 담는 그릇도 미각에 영향을 준다고 해요. 작거나 빨간 그릇에 담긴 음식은 맛이 없어 보이지만 음료수에 빨간색 색소를 넣으면 더 달콤하게 느껴진답니다!

우리는 왜 음식을 좋아할까?

혀의 미각은 우리가 **음식을 느낄 때** 뇌에서 활용할 수 있는 여러 감각 중 하나일 뿐이에요. 냄새, 생김새, 질감, 소리, 온도뿐만 아니라 그릇의 색과 크기, 먹는 사람의 기분과 기억 모두 음식의 맛을 느끼는 데 중요한 역할을 한답니다.

질감

우리 입속에 있는 수용체들은 **음식에 대한 정보를 모으고** 수집한 정보를 뇌로 전달해요. 열 수용체는 음식이 뜨거운지 차가운지 알려 주는 역할을 하고, 음식의 모양이나 끈적이는 질감, 단단함과 부드러움의 정도를 분석하는 수용체도 있어요. 모든 수용체들이 머리를 맞대고 우리가 느끼는 음식의 맛을 결정한답니다.

모든 사람은 저마다 **고유한 미각**을 가지고 있어요. 뇌가 받아들인 감각을 처리하는 방법이 사람마다 조금씩 다르기 때문이랍니다.

소리

소리는 맛에 영향을 주지 않는다고 생각할 수 있어요. 하지만 바삭바삭한 감자칩이나 아삭한 소리가 나는 당근은 **더 신선한** 느낌을 주지요. 그래서 우리는 맛있는 소리가 나는 음식을 좋아해요. 감자칩이 알루미늄 봉지에 들어 있는 이유도 바로 이런 감각을 더 잘 느낄 수 있게 하기 위해서랍니다. 잔에 담긴 콜라도 톡 쏘는 탄산 소리가 나야 더 맛있게 느껴지는 것처럼 말이죠.

코와 입으로 즐기는 초콜릿

초콜릿은 **다양한 감각을 자극하는** 음식의 좋은 예예요. 여러 향이 섞여 코를 즐겁게 하는 초콜릿은 입안에 들어가자마자 녹으면서 놀라운 촉감과 달콤한 맛이 동시에 느껴져요. 초콜릿이 녹으면 혀에 있는 촉각 수용체가 뇌로 행복한 감각을 전달하지요. 뇌에는 마지막으로 초콜릿을 먹었을 때 즐거웠던 기억이 남아 있기 때문에 그 기분을 다시 즐길 준비를 하는 것이랍니다. 감각에 불을 지피는 과정이라고 할 수 있지요!

영국의 옥스퍼드 대학교 연구진들은 이탈리아의 오페라 음악을 들으면 이탈리아 음식을 더 맛있게 먹을 수 있다는 사실을 밝혀냈어요.

소금과 놀라운 무기질 친구들

소금은 평범해 보이지만 알고 보면 정말 놀라운 존재예요. 음식에 조금만 넣어도 맛이 살아나는, 매우 중요한 **조미료**지요. 게다가 사람은 염분이 부족하면 살 수 없기 때문에 우리 몸에 없어서는 안 되는 물질이랍니다. 하지만 **소금을 너무 많이** 먹는 것도 건강에 좋지 않아요.

소금의 화학

소금은 무기질이에요. 식물이나 동물과 같은 생명체에서 만들어지지 않고 자연적으로 생겨나는 화합물이라는 뜻이지요. 이 무기질은 흙 속에 있다가 식물이나 동물의 몸으로 흡수돼요. 소금이라고 불리는 화학 물질은 많지만 우리가 먹을 수 있는 소금은 대부분 **염화 소듐**(염화 나트륨)이랍니다.

> 식품 회사에서 만드는 많은 음식에 소금이 들어가기 때문에 우리가 정확히 얼마나 많은 소금을 먹고 있는지 알기 어려워요.

왜 필요할까?

소금 속 소듐은 세포를 통해 뇌로 **전기 신호를 전달하는 데** 사용되기 때문에 사람의 중추 신경계에 꼭 필요해요. (맞아요. 놀랍게도 우리 몸은 전기가 통한답니다.) 우리 몸에는 약 200g의 소금이 들어 있고, 복잡한 과정을 통해 소금과 물의 균형을 맞추고 있지요. 주로 땀과 오줌을 만들어 내보내는 방법으로 농도를 조절해요.

> 소금은 로마 군인들이 월급으로 받았을 정도로 고대에 아주 귀중한 자원이었어요. 영어로 월급을 뜻하는 '샐러리'라는 말은 '소금 돈'이라는 뜻의 라틴어 '살라리움'에서 유래되었답니다.

저장 음식

소금은 수천 년 동안 음식을 썩지 않게 저장하기 위해 사용해 왔어요. **박테리아는 소금기가 있는 환경에서는 잘 살지 못하기 때문에** 조기 같은 생선은 소금에 절여서 말려 굴비로 만들면 며칠이 아니라 몇 달 동안 먹을 수 있지요. 베이컨처럼 고기도 저장과 맛을 위해 소금에 절이기도 해요. 채소를 절여 만든 피클에는 주로 소금, 설탕, 식초, 물이 들어가요.

피클 만드는 법:

소금 + 설탕 + 식초 + 물

또 어디에 소금이 사용될까?

매년 약 2억 톤의 소금이 만들어지지만 **음식에 사용되는 양은 아주 미미해요.** 대부분 화학 물질을 만드는 데 사용하지요. 그리고 물을 깨끗하게 하거나 농사를 지을 때도 사용하고, 추운 겨울에는 땅이 어는 것을 막기 위해 엄청나게 많은 소금을 길에 뿌리기도 해요.

놀라운 무기질 친구들

우리 몸에는 수많은 무기질이 조금씩 들어 있지만 생명에 필수적인 다섯 가지는 칼슘과 인, 포타슘(칼륨), 소듐, 마그네슘이에요. 그중 칼슘이 가장 많아요. 어른의 경우 뼈와 치아에 최대 1kg이 들어 있지요. 무기질은 음식뿐만 아니라 우리가 먹지 못하는 물건에서도 찾아볼 수 있답니다.

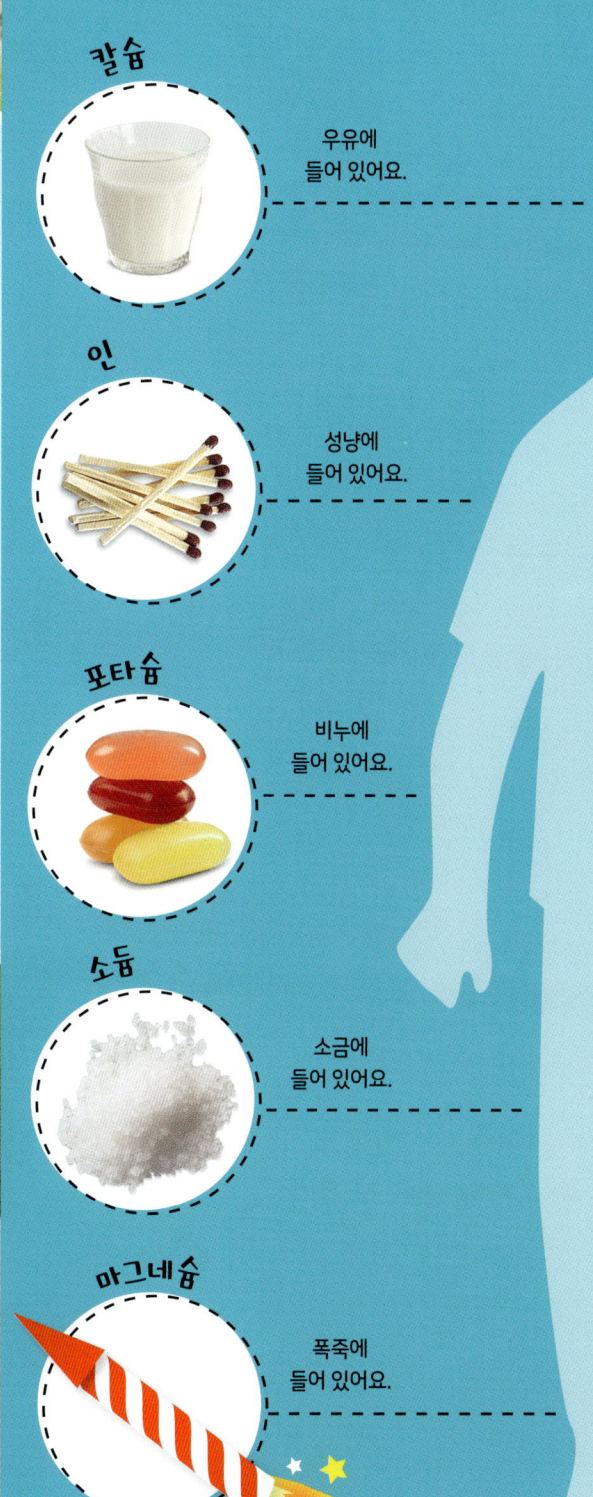

칼슘 — 우유에 들어 있어요.

인 — 성냥에 들어 있어요.

포타슘 — 비누에 들어 있어요.

소듐 — 소금에 들어 있어요.

마그네슘 — 폭죽에 들어 있어요.

음식과 색깔

음식이 본연의 색깔을 지니는 건 색소 때문이에요. 색소를 구성하는 화학 물질들은 대부분 서로 깊게 연관되어 있어요. 우리는 음식을 더 신선하고 먹음직스러워 보이게 하거나 재미를 위해 색소를 써요. 간혹 상한 음식을 숨기려고 색을 첨가하기도 해요. 색소에는 **인공 색소**와 **천연 색소**가 있지요.

보라색

사탕무는 **베타니딘**이라는 물질이 들어 있어 진한 보라색을 띠어요. 베타니딘은 빛이나 열, 산소에 닿으면 분해되는 특징이 있지요. 하지만 우리 장 속에는 이런 것들이 없기 때문에 베타니딘은 우리 소화계를 그대로 빠져나가요. 그래서 사탕무를 먹으면 진한 보라색 똥을 누게 된답니다.

초록색

우리에게 가장 친숙한 식용 색소는 **엽록소**예요. 엽록소는 여러 식물 속에 들어 있는 천연 녹색 물질이지요. 쐐기풀이나 잔디, 알팔파에서 얻을 수 있으며, 음식을 진한 초록색으로 만들어 줘요. 식품 성분표에 쓰여진 'E140'이라는 성분이 바로 엽록소랍니다.

쐐기풀

알팔파 새싹

빨간색
토마토는 처음에는 초록색이지만 익으면서 **라이코펜**이라는 화학 물질을 분비하기 때문에 빨간색으로 변해요. 식물의 빨간색은 번식을 도와주는 역할을 하지요. 초록색과 달리 주황색이나 노란색, 빨간색은 꽃가루를 옮겨 주는 곤충을 유혹하기 때문이랍니다.

딱정벌레 즙
'E120'은 코치닐 딱정벌레를 으깨서 만든 짙은 빨간색 색소예요. 코치닐 딱정벌레는 주로 페루의 선인장에서 자라며, 으깨면 진한 빨간색 즙이 나오지요. 식품 회사들은 이 즙에서 불순물을 제거한 뒤 식품 첨가물로 사용해요. 왜냐고요? 그래야 식품 포장지에 '인공 색소 없음'이라고 적을 수 있기 때문이죠!

> 황색소증에 걸리려면 당근을 적어도 한 달 동안 매일 다섯 개씩은 먹어야 해요.

주황색
당근에는 **알파와 베타-카로틴**이 들어 있어요. 당근을 계속해서 너무 많이 먹으면 황색소증에 걸려서 피부가 주황색이 될 수 있어요! 주로 당근을 넣은 이유식을 과도하게 먹은 아기에게 종종 발견되지만 큰 문제없이 금방 원래대로 돌아온답니다.

> 파란색 음식은 맛없게 느껴질 뿐만 아니라 실제로도 우리 식욕을 떨어뜨린다는 연구 결과가 있어요.

← 석탄

← 스피룰리나

파란색
음식은 파란색을 띤 경우가 거의 없어요. 블루베리와 청색 옥수수, 블루치즈, 일부 바닷가재만 빼고요. 그나마 파란 바닷가재조차 익으면 분홍색으로 변해 버리지요! 파란색 음식은 천연 색소 중에 스피룰리나라고 불리는 해조류로 만들 수 있어요.

인공 색소
인공 색소는 대부분 석탄 추출물로 만들어요. 밝고 선명한 색을 낼 수 있고 저렴하지만, 아이들에게 위산 과다증을 유발할 수 있어서 걱정하는 사람들도 많답니다. 이름에 **알파벳 E와 숫자가 붙은** 식품 첨가물은 음식에 사용될 때 까다로운 검사를 받아요. 하지만 소비자를 보호할 법이 생기기 전에는 부주의한 식품 생산자들 때문에 피해를 입기도 했어요. 예를 들어 심각한 독성분이 들어 있는 붉은색 산화납과 주홍색 황화 수은은 한때 아이들이 먹는 군것질거리와 치즈의 색을 내는 데 사용되기도 했답니다.

23

보글보글 지글지글 요리법

우리가 요리를 하는 **이유**는 네 가지예요. 맛을 더 좋게 하기 위해, 음식 재료 속에 있는 해로운 세균을 죽이기 위해, 소화가 잘되도록 하기 위해, 썩지 않게 오래 보관하기 위해서지요. 요리를 하는 **방법**에는 어떤 게 있을까요? 세상에는 셀 수 없이 많은 요리법이 있답니다.

굽기

튀기기

보통 오븐과 같이 밀폐된 공간에서 뜨거운 공기를 순환시키며 기름 없이 익히는 방법을 말해요. 간접적으로 열을 전달하기 때문에 뿌리채소나 고깃덩어리 같은 커다란 음식을 속까지 골고루 익힐 때 좋아요. 이와 비슷한 방식인 제빵은 빵이나 파이, 케이크 등을 만드는 요리법이에요. 빵을 제대로 요리하려면 열이 골고루 전달되어야 하지요.

음식을 버터나 기름 같은 지방질과 함께 아주 높은 온도에서 익히는 방법이에요. 가볍게 볶을 때는 프라이팬을 사용하고 튀김 요리를 할 때는 바닥이 깊은 냄비를 써요. 높은 온도의 기름이 얇게 썬 고기나 채소 표면과 만나 지글지글 익으면서 환상적인 맛을 만들어 내지요.

튀김 온도는 어마어마하게 높기 때문에 음식이 타거나 손을 다치지 않도록 조심해야 해요.

현대식 오븐은 열과 공기를 더 잘 순환시키기 위한 송풍기가 달려 있어요.

열이 팬 바닥에서만 올라오기 때문에 음식을 뒤집어 줘야 해요.

기름이나 버터는 음식에 열이 더 고르게 퍼질 수 있도록 도와줘요.

> 프랑스어로 '진공 상태'라는 뜻의 수비드는 상당히 까다로운 요리법이에요. 음식을 진공 포장한 뒤 끓지 않을 정도로 따뜻한 물속에 넣어 오랜 시간 요리하는 방법이랍니다.

메일라드 반응

빵 굽는 고소한 냄새와 고기가 노릇노릇 익을 때 참기 힘들 정도로 맛있는 냄새가 나는 이유는 모두 **메일라드 반응** 때문이에요. 높은 온도에서 화학 반응이 연이어 일어나면서 다양한 냄새가 뒤섞여 풍미를 만들어 낸답니다.

삶기

음식을 물속에 넣고 100℃가 되어 김이 피어오를 때까지 보글보글 끓이는 방법이에요. 보통 파스타나 감자, 채소를 요리할 때 많이 사용해요. '포칭'이라는 요리법은 물이 끓지 않게 유지하면서 뜨거운 물로 요리하는 방법을 말해요.

숯불구이

숯불구이는 숯이나 나무 위에서 요리하는 방법이에요. 열이 음식에 곧바로 전달되어 높은 온도로 빠르게 요리할 수 있지요. 훈제 향을 입히기 위해 나무 조각을 넣어 간접 열로 천천히 요리할 수도 있어요. 나무나 숯이 타면서 나오는 연기는 음식에 아주 맛있는 향을 입혀 준답니다.

열이 물을 통해 음식으로 골고루 전달돼요.

차가운 공기가 환풍구로 빠져나가요.

전자레인지

전자레인지는 놀라운 물리학을 이용해 음식을 요리하는 기계예요. 뜨거운 공기를 순환시켜서 요리하는 일반적인 오븐과 달리, 음식에 **전파**를 쏘는 방식이지요. 일반 오븐보다 요리하는 데 걸리는 시간이 여섯 배 정도 빠르기 때문에 에너지 효율이 아주 좋아요. 단점은 음식을 끓는점 이상으로 가열할 수 없어서 고기를 노릇노릇하게 익힐 수 없다는 것이죠!

금속으로 만들어진 안쪽 벽은 전파를 반사해요.

대부분의 전자레인지는 회전하는 판이 음식을 돌리면서 골고루 익혀요.

전자레인지는 음식이 갈색이 될 만큼 열을 낼 수 없기 때문에 고기를 요리할 때는 적합하지 않아요.

원리가 무엇일까?

전자레인지의 전자관은 빠르게 분자를 움직이는 자기장을 만들어서 음식 속에 있는 물 분자를 회전시켜요. 회전하는 물 분자들이 서로 부딪히면 마찰력이 생겨서 **음식의 온도가 올라가지요.** 마찰 효과는 음식 표면에만 일어나지만 마찰로 생긴 열이 안쪽까지 퍼지면서 음식이 익는답니다.

태양열 오븐

전자레인지도 요리를 할 때 전기를 아주 적게 사용하지만 태양열 오븐은 햇빛만 있으면 요리를 할 수 있답니다! 준비물은 냄비에 햇빛을 반사해 줄 알루미늄 포일로 감싼 박스만 있으면 끝이에요. 태양열 오븐은 음식을 익히고 물을 끓일 만큼 열을 내면서도 **연료를 사용하지 않고 매연도 전혀 없어요.** 낮의 길이와 햇빛의 세기에 따라 음식을 만드는 시간이 길어질 수 있지만 누가 뭐라고 하겠어요? 공짜데요! 그래서 태양열 오븐은 난민 수용소에서 큰 인기를 얻고 있답니다.

최초로 만들어진 전자레인지는 높이가 2m나 되었어요!

전자레인지 문을 열면 전자관으로 가는 전기가 끊겨서 자기장이 사라지고 요리가 중단되지요.

전자레인지의 발명

전자레인지는 제2차 세계 대전 이후에 퍼시 스펜서라는 미국인이 발명했어요. 퍼시는 전쟁에서 사용하는 전파 탐지 기술을 연구하던 중 전파에서 나온 마이크로파 때문에 **주머니 속 초콜릿이 녹은 것**을 발견했답니다. 그 후 채 2년이 되지 않아 '레이시언'이라는 회사를 설립하고 최초로 전자레인지를 만들어 팔기 시작했지요. 이 전자레인지는 가격이 약 6천만 원이었고, 무게는 무려 500kg이나 되었어요!

불 없이 요리하기

불 없이 '요리'를 하거나 음식을 보관하는 방법은 다양해요. 열 대신 소금이나 연기로 요리를 해도 아주 맛있는 음식을 만들 수 있고, 식초나 설탕을 이용한 절임 음식과 저장 음식은 오랜 역사를 품고 있지요. 이 요리법들은 모두 비슷한 목적을 띠고 있어요. 바로 세균을 죽이고 단백질을 분해해서 음식의 질감을 바꾸거나 맛을 더 좋게 하려는 것이랍니다.

청어 롤몹
절인 청어 요리는 중세 시대부터 유럽에서 즐겨 먹던 음식이에요. 양파나 오이피클, 올리브를 청어 살로 돌돌 말아 식초와 설탕을 넣은 물에 담가서 만들어요.

오이나 양파, 고추, 양배추와 같은 채소뿐만 아니라 고기, 생선, 달걀 등도 모두 절임 음식으로 만들 수 있어요.

세비체
남아메리카에서 많이 먹는 세비체는 해산물을 **감귤류 과일**과 함께 버무린 요리예요. 레몬과 라임, 오렌지와 같은 감귤류에 들어 있는 구연산이 날생선 표면에 닿으면서 세균을 효과적으로 없애고 상큼한 풍미를 만들어 주지요.

절임 음식
절임 음식은 요리 재료의 상할 수 있는 성분을 분해해서 오래 **보관하기 위해** 여러 향신료와 식초, 소금물을 이용해 만들어요. 처음에는 먹을 것이 부족한 겨울 동안 보관해 두고 언제든 꺼내 먹기 위해 만들기 시작했지만, 지금은 주로 그 맛을 즐기는 사람들이 사용하는 요리법이지요.

훈제 요리

훈제는 생선에 소금을 뿌리고 말리는 과정에서 중요한 역할을 해요. 불꽃 없이 서서히 타는 숯불 위에 생선을 걸어 놓고 연기를 입히면 **공기와 세균이 생선 속으로 들어가지 못하기 때문이지요.** 사실 훈제만으로는 음식을 오래 보관하기 힘들기 때문에 보통은 향신료를 뿌린답니다.

우리가 먹는 훈제 연어는 연기와 소금을 조금만 입히기 때문에 거의 날생선이라고 할 수 있어요. 그래서 냉장고에 보관해도 오래 두고 먹을 수 없지요.

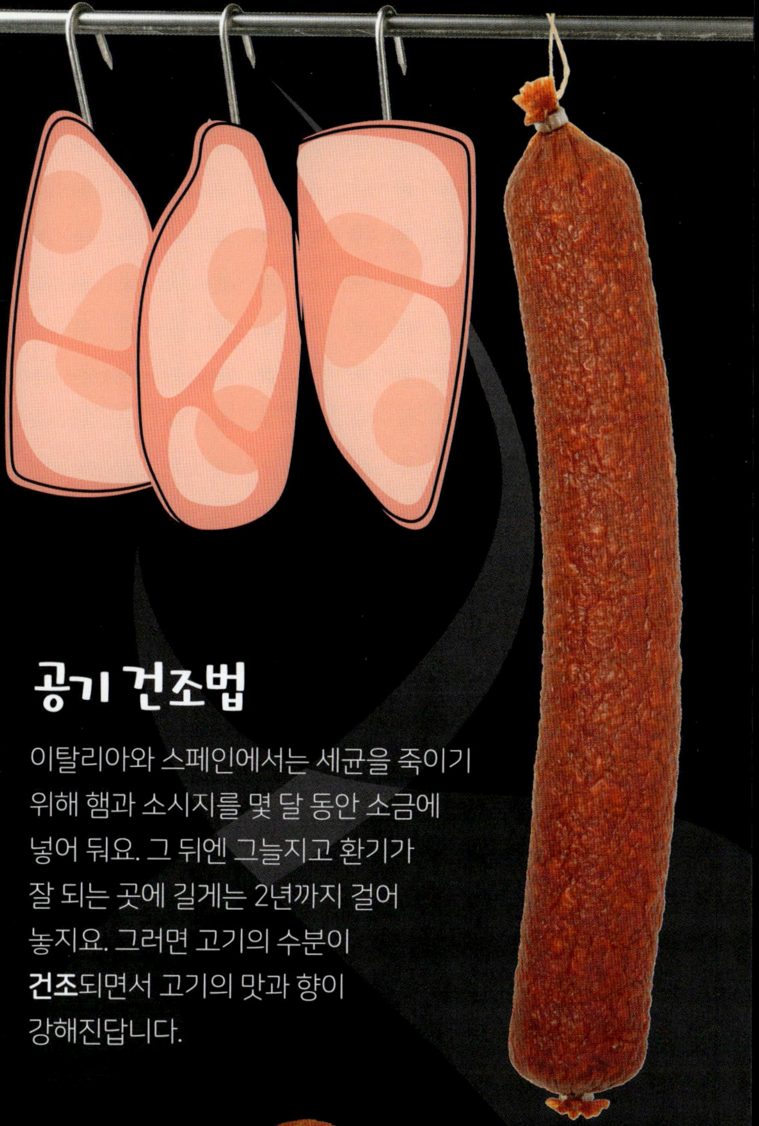

그래블랙스
'연어 무덤'이라는 뜻을 가진 그래블랙스는 훈제 연어처럼 연어로 만들지만 연기는 쓰지 않아요. 허브를 섞은 소금과 설탕더미 속에 연어 살을 넣고 12시간에서 하루 이틀 정도 숙성시켜요. 그러면 소금이 생선 속에 스며들면서 수분이 마르고 맛이 더 강해지지요. 또 소금은 세균이 자라지 못하게 막아 주기 때문에 연어를 더 오래 두고 먹을 수 있답니다.

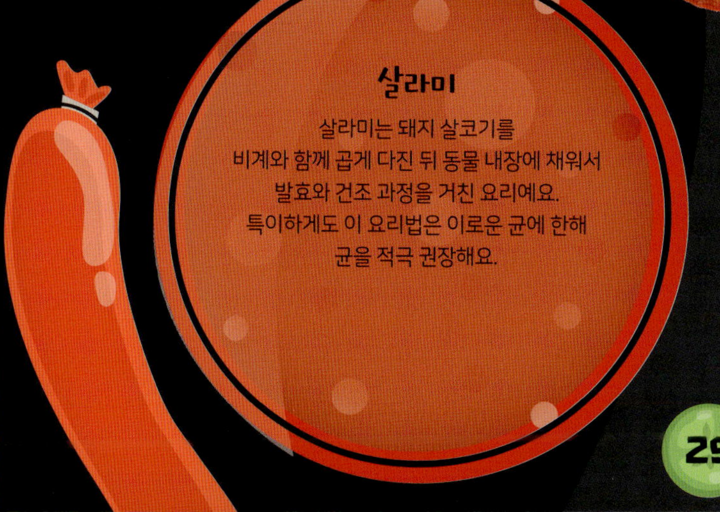

공기 건조법

이탈리아와 스페인에서는 세균을 죽이기 위해 햄과 소시지를 몇 달 동안 소금에 넣어 둬요. 그 뒤엔 그늘지고 환기가 잘 되는 곳에 길게는 2년까지 걸어 놓지요. 그러면 고기의 수분이 **건조**되면서 고기의 맛과 향이 강해진답니다.

살라미 조각

살라미
살라미는 돼지 살코기를 비계와 함께 곱게 다진 뒤 동물 내장에 채워서 발효와 건조 과정을 거친 요리예요. 특이하게도 이 요리법은 이로운 균에 한해 균을 적극 권장해요.

29

이상하고 신기한 음식들

세상에는 어마어마하게 많은 종류의 음식이 있어요. 그리고 어느 나라에나 다양한 문화적 배경이 녹아 있는 특별한 음식과 식재료가 있지요. 이제부터 **태어나서 처음 볼 만큼 신기한** 음식 몇 가지를 소개할게요. 모두가 좋아하는 음식은 아니겠지만 사람마다 음식에 대한 취향이 다양하다는 사실을 잊지 마세요.

구더기들

카수 마르주 치즈

이탈리아의 사르디니아 지역에서 먹는 이 치즈는 초강력한 썩는 냄새와 맛을 자랑할 뿐만 아니라 구하기도 굉장히 힘들어요. 그 이유는 맛을 살리기 위해 치즈 속에 **살아 있는 구더기**를 넣기 때문이지요. 그래서 유럽 식품 안전청은 카수 마르주를 먹지 못하게 금지하고 있답니다.

장식용 금박

식용 금속

어떤 금속들은 식품 첨가물로 쓰이기 때문에 사용을 규제하기 위해 이름에 알파벳 E와 숫자가 들어가요. 금은 E175이고 은은 E174이지요. 두 금속은 **비싸고 화려한** 음식에 장식용으로 많이 쓰여요. 금속은 아예 소화가 되지 않기 때문에 먹어도 그대로 몸 밖으로 배출되지만, 음식에는 아주 조금만 사용되므로 황금알을 낳는 거위처럼 황금을 낳을 수는 없답니다.

파티초크

예루살렘 아티초크, 돼지감자, 혹은 뚱딴지라고도 불리는 이 식물은 **방귀를 잘 뀌게 만드는 음식**이에요. 파티초크에는 소장에서 분해되지 않는 이눌린이라는 당분이 많아요. 대장으로 들어간 이눌린은 세균의 먹이가 되어 부산물로 엄청난 방귀를 만들어 낸답니다. 웃기게도 이름은 예루살렘 아티초크지만 이 식물은 예루살렘에서 자라지도 않고, 아티초크와도 관련이 없어요. 오히려 해바라기와 더 가깝죠.

수르스트뢰밍

세상에서 가장 **역겨운 냄새**가 나는 청어 절임으로, 시큼하고 썩은 구토 냄새가 난답니다. 스웨덴 별미인 이 음식은 청어를 몇 달 동안 발효시켜 만들어요. 발효되면서 나오는 가스 때문에 통조림 캔이 찌그러지는 일도 많지요.

마가린

1869년, 싼 값에 **버터 대신 먹을 수 있는 음식**으로 발명되었어요. 처음에는 마가린을 소고기 기름, 우유, 물, 소의 젖통으로 만들었지요. 하지만 지금은 가성 소다와 백토, 수소, 금속 니켈을 채소 지방질에 넣어 만든답니다. 그다지 군침이 도는 재료는 아니지요.

이 요리 기법은 500년 전부터 사용되었어요.

피단

중국의 별난 이 음식은 흙과 지푸라기 재, 소금, 석회, 왕겨에 **달걀을 넣고 몇 달 동안 저장**해서 만들어요. 생김새만 봐서는 100년은 묵힌 것 같지요! 묵히는 과정에서 여러 화학 반응이 일어나면서 흰자는 짙은 갈색 젤리로, 노른자는 녹색 크림으로 변해요. 그리고 지독한 썩은 냄새를 풍긴답니다. 전 세계 아시아 식품점에서 판매하고 있어요.

네모난 수박

일본에는 네모난 유리 상자에 키운 수박이 있어요. 수박이 자라면서 상자의 모양대로 자라지요. 맛은 보통 수박과 똑같지만 **차곡차곡 쌓으면 이동시키기에** 편리하답니다.

> 어떤 음식이 제일 먹고 싶나요? 아니면 먹고 싶지 않은 음식이 있나요?

31

비타민과 무기질

브라질너트에는 마그네슘과 아연, 칼슘이 풍부해요.

몸에 좋은 음식에는 비타민과 무기질이 풍부하다는 말을 많이 들어 봤을 거예요. 하지만 우리는 이 영양소들을 직접 눈으로 볼 수 없어요. 비타민과 무기질은 무엇이고, 왜 눈에 보이지 않을까요? 이들은 **미량 영양소**이기 때문에 우리 몸에 꼭 필요하지만 아주 조금만 있어도 충분하기 때문이지요. 다행히도 미량 영양소는 종류가 굉장히 다양하고 여러 음식에서 찾을 수 있어요.

> 균형 잡힌 식단으로 식사를 하면 우리 몸에 필요한 모든 비타민과 무기질을 얻을 수 있어요.

비타민

'비타민'이라는 단어는 폴란드의 화학자 카시미르 풍크가 지은 멋진 이름이에요. 사람이 살아가는 데 필요하지만 **스스로 만들어 낼 수 없는** 열 세 가지 필수 미량 영양소를 말한답니다. 그래서 음식이나 음료로만 얻을 수 있지요. 비타민이 없으면 우리 몸은 제대로 기능하지 못해요.

비타민	공급원
비타민 A (레티놀과 카로티노이드)	당근, 간, 버터, 달걀
비타민 B1 (티아민)	통곡물, 병아리콩, 렌틸콩
비타민 B2 (리보플라빈)	달걀, 녹색 채소, 우유
비타민 B3 (니아신)	참치, 참깨, 아침 식사용 시리얼
비타민 B5 (판토텐산)	말린 버섯, 간, 아침 식사용 시리얼
비타민 B6 (피리독신)	곡물, 과일, 채소
비타민 B7 (바이오틴)	소고기, 달걀, 통밀빵
비타민 B9 (엽산)	효모 추출물, 새싹 채소, 시금치, 비트, 고추
비타민 B12 (코발아민)	고기, 우유, 달걀, 생선
비타민 C (아스코르브산)	과일, 채소
비타민 D (칼시페롤)	생선, 버섯, 햇빛
비타민 E (토코페롤과 토코트리에놀)	식물성 기름, 견과류
비타민 K (퀴논)	녹색 채소, 양배추

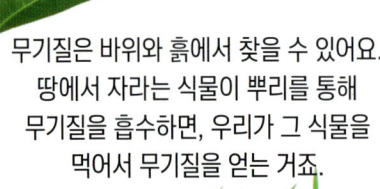

무기질은 바위와 흙에서 찾을 수 있어요. 땅에서 자라는 식물이 뿌리를 통해 무기질을 흡수하면, 우리가 그 식물을 먹어서 무기질을 얻는 거죠.

무기질

무기질은 살아 있는 생명체에서 만들어지지 않는 **무기물**이에요. 대부분 고기나 식물, 물을 섭취할 때 우리 몸에 흡수되지요. 무기질이 우리 몸에서 하는 일을 세어 보면 너무 많아서 머리가 아플 정도랍니다. 주로 뼈와 치아를 만들고, 세포 조직의 건강을 지켜 주고, 체액을 흐르게 하고, 효소를 작동시키고, 신경 기능을 유지시켜 주지요.

우리 몸에는 8cm짜리 못을 만들 수 있을 정도로 많은 철분이 들어 있어요!

무기질	기능	공급원	
칼슘	뼈와 치아 건강, 근육 수축	우유, 치즈, 빵, 녹색 잎채소	
인	뼈와 세포 건강	붉은 고기, 유제품, 닭고기, 오트밀, 쌀	
마그네슘	뼈와 조직 건강, 효소와 근육, 신경계 건강	녹색 잎채소, 생선, 견과류, 빵, 우유, 치즈	
소듐	수분과 전해질 균형 유지	소금이 들어간 음식	
포타슘	세포와 신경 기능, 수분과 전해질 균형 유지	고기, 달걀, 견과류, 콩	
황	근육 건강, 세포 치료, 효소 건강	우유, 치즈, 빵, 녹색 잎채소	
철	체내 산소 공급, 혈액 생산, 면역 기능 증진	시리얼, 채소, 붉은 고기, 간, 달걀, 콩류	
플루오린(불소)	뼈와 치아 건강	치약, 플루오린이 첨가된 수돗물	
염소	위산 생산, 세포 기능	소금	
구리	효소 생산	간, 생선, 견과류, 씨앗	
아연	효소 생산	붉은 고기, 닭고기, 견과류, 유제품	
망가니즈	효소 생산	곡물, 씨앗, 콩, 녹색 잎채소	
몰리브데넘	단백질 분해	콩, 견과류, 통곡물	
아이오딘	호르몬 생산	해조류, 달걀, 곡물	
크로뮴	당분과 지방질 분해	브로콜리, 적포도즙, 고기	
셀레늄	효소 생산	브라질너트, 생선, 고기, 곡물	

시리얼에서 철분 찾기!

사람들은 칼슘과 포타슘, 아연과 같은 무기질이 많이 들어 있는 음식을 먹어야 한다고 말해요. 모두 금속인데 왜 눈에는 보이지 않을까요? 사실 시리얼에는 무기질이 들어 있지만 양이 너무 적어서 눈으로 보거나 맛을 느낄 수는 없어요. 들어 있다고 믿는 수밖에 없지요. 하지만 과학자들은 그냥 믿고 받아들이는 것을 별로 좋아하지 않아요. 알맞은 **근거를 원해요!** 다행히 철분 같은 경우는 음식 속에 들어 있다는 사실을 증명할 방법이 있답니다.

준비물
- 철분이 많이 들어 있는 시리얼 100g (성분표를 확인하세요!)
- 믹서기
- 큰 지퍼백
- 따뜻한 물 600ml
- 강력한 자석
- 도마

! 이 실험에는 강력한 자석이 필요하지만 크기는 작아도 괜찮아요. 자석은 장난감이 아니기 때문에 꼭 조심해서 사용해야 해요.

1
시리얼을 믹서기에 넣고 가루가 될 때까지 갈아 주세요.

2
시리얼 가루를 지퍼백에 넣고 적당히 따뜻한 물을 넣어 주세요. 잘 섞어 준 뒤 지퍼를 닫아요.

4. 자석이 지퍼백에 닿은 상태로 함께 들어 올린 다음, 떠다니는 철 분자가 붙을 수 있도록 천천히 자석을 움직여요. 아주 작지만 자석을 따라오는 철 조각들을 볼 수 있을 거예요!

3. 자석을 도마 위에 놓고, 그 위에 시리얼을 넣은 지퍼백을 올려요. 시리얼 반죽이 잘 움직이도록 부드럽게 주무른 다음 한 시간 동안 그대로 두세요.

프랑스의 유명인 미셸 로티토는 '뭐든지 다 먹는 사나이'로 알려져 있어요. 미셸은 1978년에서 1980년 사이에 **세스나 150 비행기**를 전부 먹어 치웠답니다! 미셸의 위벽은 아주 강력했기 때문에 작게 자른 비행기를 먹을 수 있었던 거예요. 크게 다칠 수 있으니 여러분은 **절대** 따라 하면 안 돼요.

팝콘은 왜 톡톡 튀어 오를까?

팝콘을 튀기면 톡톡 튀는 소리가 나서 재미있어요!
그런데 왜 이런 소리가 나는지 생각해 본 적 있나요?
팡팡 터지는 팝콘 속에는 엄청난 과학이 숨어 있답니다.

토독!

톡!

왜 터질까?

팝콘용 옥수수 알갱이 안에는 탄수화물과 수분이 가득해요. 옥수수에 열을 가하면 수분이 수증기로 변하면서 껍질이 **빵빵해져요.** 껍질이 더 이상 압력을 견딜 수 없게 되면 탄수화물이 많은 가운데 부분이 톡! 하고 터지면서 우리가 좋아하는 맛있는 팝콘이 만들어지지요.

옥수수 안에서 팽창하는 수증기

옥수수 알갱이

옥수수는 크게 네 가지 종류가 있어요. 사료용 옥수수, 딱딱한 옥수수, 사탕옥수수, 팝콘용 옥수수예요.

팝콘용 옥수수

팝콘용 옥수수는 껍질은 단단하고 속은 부드러워요. 팝콘을 만들 수 있는 유일한 옥수수 종이랍니다. 만약 사탕옥수수로 팝콘을 만들면 옥수수가 말랑해지면서 죽처럼 변하고 말아요.

톡!

뜨거워진 옥수수 알갱이가 '톡' 하고 터져요.

나만의 팝콘 만들기

준비물
- 기름 1스푼
- 팝콘용 옥수수 60g
- 버터 60g
- 나무 주걱
- 뚜껑이 있는 냄비

1. 기름을 두른 냄비를 중불에 달군 다음 옥수수를 넣어요. 기름과 잘 섞이도록 옥수수를 젓고 뚜껑을 닫아요. 톡톡 튀는 소리가 들리나요?

2. 몇 분 뒤에 소리가 멈추면 불을 끄고 버터를 넣은 다음 잘 저어 줘요. 이제 먹을 준비만 하면 끝!

더 실험해 볼까요?

실험에 변화를 주면 다른 결과를 얻을 수 있어요!

낮은 온도에서 팝콘을 만들어 보세요. 터지지 않은 옥수수 알갱이가 많아졌나요?

설탕이나 소금, 캐러멜, 향신료를 넣어 보세요. 어떤 것이 가장 맛있나요?

껌은 무엇으로 만들까?

껌이 쫄깃쫄깃하게 씹히는 부분을 껌 기초제라고 해요. 기초제는 긴 고리 모양의 분자가 독특한 방식으로 서로 붙어 있는 **고분자**들을 섞어 만들지요. 그 밖에도 껌에는 쫀득한 식감을 주는 송진과 연화제, 껌을 유연하게 해 주는 탄성 물질이 들어 있어요. 껌을 부드럽게 해 주는 글리세린과 향과 색, 달콤한 맛을 내 주는 재료들도 들어간답니다.

끈적끈적한 껌의 과학

껌은 **상태의 변화 없이 오랫동안 씹을 수 있게** 만들어진 놀라운 음식이에요. 사람들은 수천 년 동안 치아를 깨끗하게 하거나 입 냄새를 없애려고 껌을 씹어 왔어요. 단순히 씹는 재미를 위해서 껌을 씹기도 했지요.

영국 런던의 옥스퍼드 거리를 조사한 결과 바닥에 약 25만 개의 껌 자국이 있었다고 해요!

풍선껌에는 그냥 껌보다 탄성 고분자가 더 많아요. 그래서 풍선이 잘 터지지 않고 더 크게 불어지지요.

팡!

먹어도 괜찮을까?

껌은 삼키도록 만들어지지 않았고, 영양가도 없어요. 하지만 **뱃속으로 들어간 껌이 몇 년 동안 그대로 있다**는 말은 사실이 아니랍니다. 껌은 섬유질의 일종이기 때문에 다른 음식들처럼 위를 통과해요. 그래도 삼키지 않는 것이 좋아요. 껌이 다른 음식에 붙어 장을 막을 수도 있으니까요.

껌은 1848년에 미국에서 나무 수액으로 만들어 처음으로 판매했어요. 하지만 1960년대부터는 훨씬 저렴한 합성 고무를 이용해 껌을 만들기 시작했지요.

역사 속 껌

역사상 가장 오래된 '껌'은 6,000여 년 전 핀란드에서 발견된 잇자국이 새겨진 자작나무 껍질 진액이에요.
유향나무 송진으로 껌을 만들었던 고대 그리스인을 비롯한 많은 고대인이 껌을 만들어 씹었답니다.

유향나무 잎

껌이 사라지는 마술!

껌은 굉장히 질기지만 **초콜릿과 함께 씹으면** 입속에서 분해되는 성질이 있어요.
껌은 물을 싫어하는 소수성이라 침에 닿아도 질긴 성질을 유지해요.
그런데 초콜릿에는 기름 성분인 코코아버터가 있어서 껌을 분해할 수 있지요.
껌과 초콜릿을 함께 씹으면 짜잔! 질긴 껌이 액체로 변한 다음 서서히 사라진답니다.

짠!

물은 정말 대단해

물은 맛도, 냄새도 나지 않고 색도 없어요. 하지만 아주아주 중요한 역할을 한답니다. 지구상의 모든 생명체가 **살아가기 위해서는** 물이 꼭 필요하거든요.

H 수소 원자

이 큰 동그라미를 산소 원자라고 하고…

물은 무엇일까?

만약 물방울을 크게 확대해서 원자를 관찰할 수 있다면, 물은 어마어마하게 많은 작은 분자로 이루어져 있다는 사실을 알 수 있을 거예요. 이 물 분자는 **작은 수소 원자 두 개와 큰 산소 원자 한 개로** 이루어져 있답니다. 그래서 물을 화학 기호로 H_2O라고 적어요.

O 산소 원자

H 수소 원자

…두 개의 작은 동그라미를 수소 원자라고 해요. 합쳐지면 물이 생겨요!

왜 물이 필요할까?

우리 몸은 60% 정도가 물로 이루어져 있고 조직에 있는 모든 세포가 제대로 작동하기 위해서는 물이 필요해요. 하루 동안 땀과 오줌으로 배출되는 만큼 반드시 물을 마셔 줘야 하지요.

얼마나 필요할까?

사람마다 다르지만 대부분의 10~14세 아이들은 하루에 대략 2L의 물이 필요해요. 과일이나 채소가 약 75%의 물로 이루어져 있어 음식으로 많은 양을 흡수하지요. 하지만 물은 많이 마실수록 건강에 좋기 때문에 날씨가 덥거나 운동을 할 때는 더 많이 마셔도 괜찮답니다.

물병 소용돌이 만들기

중심축 주위로 물체가 회전하는 것을 소용돌이라고 하는데 물을 이용하면 아주 쉽게 만들 수 있어요. 우선 병에 물을 채우고 뚜껑을 닫으세요. 그리고 개수대 위에서 병을 뒤집은 뒤 물이 회전할 때까지 빙빙 돌려요. 이제 조심스럽게 뚜껑을 열면 물이 흘러나오면서 소용돌이치는 모습을 볼 수 있어요.

물병으로 멋진 소용돌이 효과를 만들 수 있어요.

사람은 음식 없이 3주까지 살 수 있지만 물이 없으면 탈수증이 와서 며칠 내로 죽고 말아요.

왜 그럴까?

병을 돌리면 물이 움직이기 시작하는데, 물이 병을 빠져나오면서 놀라운 현상이 일어나요. 바로 병의 넓은 면에 있던 물이 입구 쪽으로 내려올수록 더 빠르게 도는 것이죠. 이런 효과를 **각운동량 보존**이라고 해요. 이 법칙에 따라 물은 물병의 중심축에 가까워질수록 더 빠르게 회전해요. 배수구로 물이 빠져나갈 때도 똑같은 현상이 일어나지요. 이는 토네이도나 나선 은하에 숨겨진 과학 원리와 같답니다.

톡 쏘는 콜라

콜라 맛은 정말 특별해요. 콜라 말고는 비슷한 맛을 내는 음식이 없기 때문에 말로 설명하기 어렵지만, **직접 콜라를 만들어 보면** 왜 이런 맛이 나는지 이해할 수 있답니다. 직접 만든 콜라는 대기업 제품과 맛이나 생김새가 똑같지는 않지만 놀랄 만큼 비슷할 거예요.

콜라 거품은 어떻게 만들어질까?

콜라 회사에서는 콜라를 만들 때 아주 낮은 온도와 높은 압력에서 CO_2 가스를 달콤한 액체에 채워 넣는 기계를 사용해요. 차갑고 압축된 환경에서 이산화 탄소가 액체에 더 잘 녹기 때문이지요. 가정용 탄산수 기계를 이용하면 집에서도 나만의 탄산음료를 만들 수 있답니다.

우리는 왜 탄산음료를 좋아할까?

탄산음료는 우리의 입과 귀를 즐겁게 해 줘요. 우선 병뚜껑을 열 때 귀는 '쉬익' 하는 탄산 소리를 듣고 뇌로 즐겁다는 신호를 보내요. 소리와 함께 이산화 탄소(CO_2)가 병 입구로 밀려 나오면 공기 중으로 상쾌한 향이 퍼지지요. 탄산음료를 한 모금 마시는 순간 우리 혀의 미각 수용체는 CO_2가 만들어 낸 신맛과 음료의 단맛에 자극을 받고 거품이 만들어 내는 톡톡 쏘는 느낌과 음료의 차가운 온도를 촉감으로 즐긴답니다.

김빠진 콜라와 탄산이 남아 있는 콜라를 번갈아 마셔 보세요. 탄산 거품 하나로 엄청난 차이가 생긴다는 사실을 알 수 있을 거예요.

준비물

- 물 500ml
- 설탕 750g
- 라임 2개 분량의 껍질과 과즙
- 오렌지 2개 분량의 껍질과 과즙
- 레몬 2개 분량의 껍질과 과즙
- 바닐라액 1/2티스푼
- 넛맥가루 1/2티스푼
- 계핏가루 1/2티스푼
- 고수가루 1/2티스푼
- 큰 냄비
- 티스푼
- 깨끗한 면 보자기
- 체
- 우묵한 그릇
- 병
- 탄산수

대부분의 탄산음료에는 설탕이 잔뜩 들어가기 때문에 치아 건강에 좋지 않아요. 설탕은 우리 치아를 썩게 하는 세균이 좋아하는 먹이거든요.

1

냄비에 탄산수를 제외한 모든 재료를 넣고 설탕이 녹을 때까지 저으면서 끓여 주세요. 그러고 나서 불을 끄고 식혀 주세요.

탄산 폭발 실험

여러분 집 근처에 큰 공터가 있고 **어지럽혀도 괜찮다면** 이 실험을 한번 시도해 보세요. 큰 병에 든 다이어트 콜라에 민트 맛 멘토스를 몇 개 떨어뜨리고 뒤로 몇 발자국 물러서면 탄산이 폭발하는 모습을 볼 수 있답니다. 멘토스는 표면에 거품을 만들어 내는 성분이 있어요.

그리고 거품이 다른 거품을 만들어 내면서 스스로 폭발을 일으키지요. 멘토스가 병 바닥에 수직으로 떨어지면 거품이 올라오는 거리가 최대로 늘어나면서 거품이 분출하기까지 계속해서 더 많은 거품이 생겨요!

어떤 탄산음료라도 가능하지만 감미료가 들어 있는 다이어트 음료를 이용해야 더 큰 폭발을 일으킬 수 있어요.

음료 회사들은 색과 맛을 내기 위해 더 많은 재료를 넣어요. 코카콜라 만드는 법은 아직까지도 비밀로 남아 있어서 회사에서도 모든 재료를 아는 사람은 두 명밖에 없다고 해요.

2
면 보자기를 씌운 체를 우묵한 그릇 위에 올려놓아요. 끓여서 식힌 액체를 부어서 건더기를 걸러 내요. 건더기는 버리고 걸러진 액체만 보관하세요.

3
콜라 한 잔을 만들려면 잔에 2에서 걸러진 액체와 탄산수를 1:6 비율로 넣으세요. 비율은 취향에 맞게 조절해도 괜찮아요. 얼음과 함께 마시면 아주 맛있답니다.

아이스크림 만들기

당장 아이스크림이 먹고 싶은데 사러 가기 귀찮다고요? 집에 얼린 딸기가 있나요? 지금부터 소개할 초간단 요리법은 너무 쉬워서 당황스러울 정도랍니다. 여러분이 할 일은 갑자기 아이스크림이 먹고 싶을 경우를 대비해 딸기를 냉동고에 조금 얼려 두는 것뿐이에요. 어려운 부분은 모두 **과학이 해결해 줄 거예요!**

준비물
- 딸기 500g
- 차가운 플레인요거트 250ml
- 꿀 2스푼
- 믹서기

1
꼭지를 잘 떼어 낸 딸기를 작은 조각으로 잘라요.
냉동고에 넣어서 완전히 얼리세요.
(아니면 그냥 냉동 딸기를 사도 괜찮아요!)

> 딸기를 별로 좋아하지 않는다면 다른 냉동 과일을 사용해도 좋아요. 어떤 아이스크림이 가장 맛있을지 비교해 보세요.

2
얼린 딸기와 요거트, 꿀을 함께 믹서기에 넣어요.
걸쭉해질 때까지 같이 갈아 준 다음 좋아하는 토핑을 올려 먹어요. 잘 먹겠습니다!

제2차 세계 대전 중에 미국의 전투기 조종사들은 아이스크림 반죽이 담긴 깡통을 비행기에 끈으로 연결해서 직접 아이스크림을 만들어 먹었어요. 비행기에는 작은 프로펠러가 달린 내부 교반기가 있었는데 비행기가 높은 고도로 올라가면 교반기가 공중에서 돌면서 반죽을 흔들어 얼게 만들었답니다.

과학적 원리

아이스크림은 '콜로이드 유제'예요. 아이스크림 속에는 우유 지방질이 우유 단백질과 설탕, 공기, 얼음과 균일하게 섞여 있지요. 재료들이 섞이면서 재빨리 얼지 않고 천천히 얼면 얼음 결정이 커서 아작아작 씹히기 때문에 식감이 좋지 않아요. 반대로 빨리 얼면 얼음 결정이 훨씬 작게 만들어지면서 콜로이드화되기 때문에 우리가 좋아하는 아이스크림의 부드럽고 쫀쫀한 질감이 만들어진답니다.

- 얼음 결정
- 설탕
- 지방질
- 공기

왜 그럴까?

믹서기를 이용하면 평소에는 잘 섞이지 않던 지방질과 수분이 강하게 섞이면서 차가운 딸기 때문에 재료들이 모두 꽁꽁 얼어요. 이렇게 요거트 속에 있는 지방질과 딸기 속에 얼어 있던 수분이 잘 섞이면 부드러운 아이스크림이 만들어지지요.

고대 그리스 사람들은 눈과 꿀, 과일을 섞어 아이스크림을 만들어 먹었어요. 하지만 최초의 아이스크림은 기원전 500년에 아시아에서 발명된 것으로 보여요.

형광 음료수 만들기

어떤 음식에는 반짝이는 형광 물질이 들어 있어요. 어떤 물체든 불빛을 비추면 더 밝게 보이긴 하지만 형광 물질은 눈에 보이지 않는 **자외선 빛**을 비췄을 때 반짝반짝 빛이 나는 놀라운 특성을 가지고 있답니다. 불을 끈 뒤 토닉 워터를 담은 컵에 자외선 손전등을 비춰 보세요. 음료 속에 들어 있는 퀴닌이라는 재료 때문에 빛이 날 거예요!

준비물
- 컵
- 퀴닌이 들어 있는 토닉 워터
- 자외선 손전등
- 소금
 (없어도 괜찮아요.)

왜 그럴까?

형광 음료수의 원리는 **양자 역학**이에요. 양자 역학은 원자와 아원자 입자를 아주 작은 에너지 수준에서 다루는 물리학이랍니다. 아무리 성능이 뛰어난 현미경이 있어도 작은 아원자 입자를 볼 수는 없어요. 그래서 우리는 무슨 일이 일어나는지 이론적으로 **추측**할 뿐이지요.

자외선 손전등은 상점 주인이 가짜 지폐를 확인할 때도 사용해요. 여러분도 자외선 전등을 켜고 부엌에서 반짝이는 음식이 있는지 찾아보세요.

토닉 워터 속에 있는 퀴닌 분자는 자외선 광선과 부딪치면서 광선의 에너지를 흡수하기 때문에 불안정한 상태로 변해요. 분자가 다시 안정화되려면 즉시 '휴식'을 취한 다음, 남은 에너지를 또 다른 광선으로 방출해야 하지요. 이 과정에서 **눈에 보이지 않는 자외선**으로 나오는 에너지는 아주 적고, 대부분은 눈에 보이는 **가시광선**으로 나오기 때문에 형광 빛이 나타난답니다.

토닉 워터에 소금을 뿌리면 형광 현상이 방해를 받아 반짝이지 않는 평범한 음료수로 돌아와요.

캔디 폭발!

혀 위에서 별빛처럼 팡팡 터지는 **팝핑 캔디**가 입속에서
녹으면서 왜 소리가 나는지 궁금하지 않았나요?
혀 위에서 여러 화학 반응이 일어나는 거라 생각하기 쉽지만
사실은 수많은 작은 폭탄이 터지고 있는 거랍니다.

멋쟁이 양배추

사람들은 채소가 시시하다는 편견을 가지고 있지만 절대 그렇지 않아요! 요리조리 살펴보면 모든 음식이 그 속에 놀라운 이야기를 숨기고 있답니다. 곰보양배추를 가까이서 살펴보세요. 하얀 먼지 같은 얇은 막이 보이나요? 아주 섬세한 이 **초소수성 나노 피막**은 양배추가 성장할 때 물에 젖어서 썩지 않도록 막아 주는 역할을 해요.

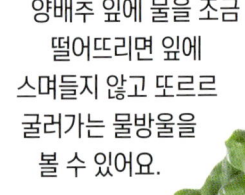

양배추 잎에 물을 조금 떨어뜨리면 잎에 스며들지 않고 또르르 굴러가는 물방울을 볼 수 있어요.

연잎 물방울

초… 뭐라고요?

'초소수성'이라는 용어는 쉽게 말해 **'물을 아주 싫어한다'**는 뜻이에요. 실생활에서는 '절대 젖지 않는' 성질을 가진다고 볼 수 있답니다. 물이 많은 환경에서 자라기 때문에 썩지 않기 위해 특별한 능력이 필요한 연잎이나 양배추에서 초소수성 효과를 볼 수 있어요.

무슨 일이 일어날까?

양배추의 초소수성 피막은 잎 표면에 수많은 미세한 기름 성분 돌기가 서로 얽혀 있는 구조예요. 물이 피막에 닿으면 초소수성 돌기들이 물을 튕겨 내면서 물이 구슬 모양으로 또르르 굴러떨어지지요.

양배추를 확대한 모습

직접 해 봐요!

곰보양배추 잎을 하나 떼어 큰 그릇에 담긴 물에 넣어 보세요. 양배추 줄기를 따라 물이 고이는 모습을 볼 수 있어요. 물에서 건져 올리면 양배추가 금세 마른답니다.

이제 물기를 닦고 손톱으로 잎사귀를 긁은 다음 다시 물에 넣어 보세요. 이번엔 양배추가 젖었을 거예요. 피막이 망가져서 더 이상 초소수성을 띠지 않기 때문이에요.

나노 구조란 무엇일까?

나노 구조는 **아주아주 작은** 구조예요. 양배추에 물을 올려 보면 초소수성 나노 구조 효과를 확인할 수 있지요. 하지만 나노 구조를 직접 눈으로 보려면 주사전기현미경이라고 하는 굉장히 성능이 좋은 현미경이 필요해요.

과학자들은 자연의 초소수성 현상을 연구해서 물을 튕겨 내는 발수성과 스스로 깨끗해지는 정화 기능을 옷부터 창문까지 다양하게 적용하는 기술을 개발하고 있어요.

새콤한 과학

pH 지수

산성과 그 반대인 염기성(알칼리성이라고도 해요.)은 pH 지수를 사용해서 측정해요. 중성인 물은 중간인 pH 7이고 그 밑으로 내려가는 산성은 pH 1까지 측정할 수 있어요. 반대편의 염기성은 pH 14까지 올라가지요.

- 오렌지 주스
- 초콜릿
- 버터

산성(1~6)

0 — 강한 산성
1
2
3
4
5
6

자연적으로 산성을 띠는 음식은 과일들을 비롯해 아주 많아요. 산성 성분이 우리 혀에 닿으면 미각 수용체는 뇌로 새콤함을 느끼게 하는 신호를 보내지요. 레몬이나 라임, 자몽과 같은 과일에는 구연산이 가득하기 때문에 신맛이 난답니다. 그리고 산성 성분은 과일 속 세균이 자라는 속도를 늦춰서 너무 빨리 썩지 않게 해 줘요.

안전할까?

수많은 음식에는 산성 성분이 들어 있는데, 비교적 약한 산성이기 때문에 먹어도 전혀 문제가 없어요. 산성에서 느껴지는 신맛을 좋아하는 사람도 아주 많지요. 그래서 음식을 먹기 전에 식초나 레몬즙을 뿌리기도 해요.

강한 산성은 부식성이 있어요. 금속과 같은 물질도 녹일 수 있다는 뜻이지요. 그래서 아닌산성 물질은 절대로 만지면 안 돼요.

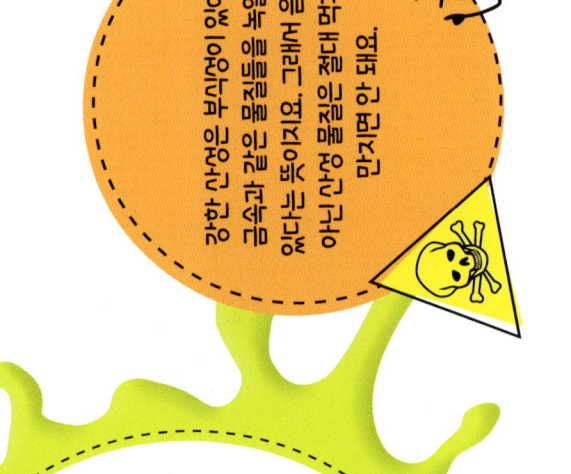

- 수돗물
- 시금치
- 세제
- 염기성 음식

염기성을 띠는 음식은 냉장하지 않아야 하지만 빵과 케이크가 부풀어 오르게 해 주는 베이킹 소다는 제법 강한 염기성이랍니다.

염기성(8~14)

| 7 중성 | 8 | 9 | 10 | 11 | 12 | 13 | 14 강한 염기성 |

톡 쏘는 샤벗: 맛있는 화학!

산성과 염기성이 만나면 어떻게 될까요? 비커에 구연산을 넣고 물과 함께 섞으면 부글부글 끓어오르는 '산성-염기성 반응'이 일어나요. 구연산과 베이킹 소다가 서로를 중화시키면서 부산물로 구연산 소듐이라는 소금을 만들기 때문이지요. 무섭게 들릴지 모르지만 걱정 마세요. 샤벗이 우리 혀 위에서 사르르 녹을 때도 같은 반응이 일어나고 있거든요! 샤벗의 재료를 보면 여러 향료, 감미료와 함께 산성인 구연산과 염기성인 중탄산 소듐이 들어 있는 것을 확인할 수 있답니다.

샤벗을 먹으면 혀 위에서 놀라운 화학 반응이 일어나요:
$C_6H_8O_7 + 3NaHCO_3 \rightarrow 3CO_3 + 3H_2O + C_6H_5O_7Na_3$

비타민 C

과일이나 채소에는 대부분 아스코르빈산이라고 불리는 비타민 C가 들어 있어요. 비타민 C는 건강한 식단에 필수적이고 면역계를 유지하는 데 도움을 주지요. 비타민 C를 충분히 먹지 않으면 괴혈병이라는 아주 못된 병에 걸릴 수 있어요. 해적이나 항해사들이 바다에 있는 동안 영양분을 제대로 섭취하지 못해서 걸렸던 병이지요.

오랫동안 배를 타는 해적이나 항해사들이 괴혈병을 예방하려면 라임을 먹어야 해요. 하지만 신 라임보다 블랙커런트가 비타민 C가 훨씬 많기 때문에 효과가 더 좋아요.

색이 변하는 양배추 마술

양배추가 평범한 음식이라고 생각하나요? 다시 한 번 생각해 보세요! 양배추에는 안토시아닌이라는 똑똑한 성분이 들어 있어서 **산성이나 염기성 물질**과 섞이면 색이 변한답니다. '평범한' 양배추로 색이 변하는 액체를 만들어 친구들을 깜짝 놀라게 해 보세요!

준비물

- 잘게 자른 적양배추 100g
- 믹서기
- 물 100ml
- 우묵한 그릇
- 체
- 티스푼
- 물이 3/4만큼 채워진 컵
- 4등분한 레몬 한 조각
- 세탁 세제 1티스푼

1. 믹서기에 물 100ml와 양배추를 넣고 갈아 주세요.

2. 갈린 양배추를 체에 걸러 즙은 놔두고 건더기는 버리세요.

3. 물이 담긴 컵에 양배추 즙을 몇 방울 떨어뜨리고 잘 저어요. 옅은 보라색이 날 정도로만 떨어뜨리면 돼요. 그리고 맛을 보세요.

왜 그럴까?

적양배추에 들어 있는 안토시아닌은 **pH 지시약**이에요. 산성이나 염기성 물질과 섞이면 색이 변한다는 뜻이지요. 레몬은 액체를 산성으로 만들어서 안토시아닌을 보라색에서 분홍색으로 변하게 해요. 염기성인 세탁 세제를 넣으면 처음에는 산성이 중화되었다가 다시 염기성이 되면서 색이 바뀌는 거랍니다.

4
레몬 한 조각을 보라색 액체에 짜 넣고 잘 저어요. 분홍색으로 변하면 다시 한 번 맛을 보세요.

5
세탁 세제 1티스푼을 넣고 컵 바닥에 가라앉을 때까지 지켜보세요. 액체의 색이 파란색으로 변했다가 다시 옅은 녹색으로 변할 거예요.

경고
세제는 몸에 굉장히 해롭기 때문에 절대 마시면 안 돼요.

투명 잉크로 비밀 편지 만들기

문자나 그림을 아무도 알아채지 못하게 숨기는 기술을 **스테가노그래피**라고 해요. 아주 정교한 기술들이 많이 있지만 음식과 과학의 힘을 이용하면 손쉽게 비밀 문자를 만들 수 있답니다.

준비물
- 레몬
- 작은 그릇
- 그림용 붓이나 면봉
- 종이
- 수건이나 다리미판
- 다리미

보이지 않는 잉크

보이지 않는 잉크를 만들 수 있는 음식 재료는 레몬즙 말고도 많아요. 조금 다른 방식이지만 꿀이 굳으면 갈색으로 변하면서 암호가 나타나는 성질을 이용하는 방법도 있어요. 토닉 워터로 글씨를 쓰고 자외선을 비춰 빛나게 할 수도 있답니다.

1 그릇에 짜 놓은 레몬즙으로 종이에 그림을 그리거나 비밀 문자를 써 보세요. 그리고 보이지 않을 때까지 잘 말려요.

2 행주나 다리미판 위에 암호를 적은 종이를 놓고 문자가 나타날 때까지 조심조심 다려 보세요.

왜 그럴까?

종이에 열을 가하면 레몬즙에 있는 유기 물질들이 **분해되면서** 갈색으로 변해요. 레몬즙이 없는 부분은 원래대로 하얗게 유지되기 때문에 비밀 문자가 나타나는 것이랍니다. 집에 자외선 손전등이 있다면 토닉 워터나 세탁 세제를 녹인 물로 투명한 글씨를 쓰고 비밀 문자가 나타나게 해 보세요. 손전등을 끄면 글자가 다시 사라질 거예요.

비밀 문자는 수백 년 전부터 사용된 기술이에요. 1605년에 영국에서 있었던 가이 포크스의 화약 음모 사건이 오렌지로 쓴 암호가 들키면서 드러났고, 제1차 세계 대전에서는 첩자들이 레몬즙을 사용하곤 했지요.

친구에게 암호를 푸는 방법을 알려 주면 비밀 문자를 주고받을 수 있어요!

달걀 속으로

단순해 보이는 겉모습과는 달리 달걀 속에는 신기한 과학이 꼭꼭 숨어 있어요. 수정란에는 동물을 구성하는 모든 요소가 들어 있지만 우리가 먹는 달걀은 병아리가 태어날 수 없는 무정란이지요. 달걀에는 단백질이 풍부해서 반죽을 하거나 빵을 만들 때 필수예요. 음식에 노란 색깔을 내거나 마요네즈 같은 소스를 만들 때도 유용하지요. 게다가 스크램블이나 달걀프라이, 수란, 삶은 달걀 등 달걀로 만든 음식은 모두 맛이 있어요!

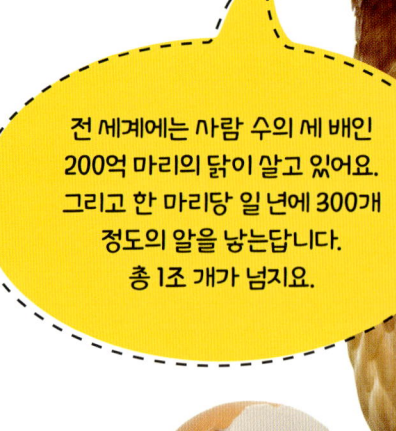

전 세계에는 사람 수의 세 배인 200억 마리의 닭이 살고 있어요. 그리고 한 마리당 일 년에 300개 정도의 알을 낳는답니다. 총 1조 개가 넘지요.

천하장사 달걀 껍데기

달걀 껍데기는 **한쪽 모서리**를 톡 치면 쉽게 깨질 만큼 약해요. 하지만 **위아래**를 엄지와 검지로 동시에 잡고 꾹 눌러 보세요. 깨지긴 하지만 굉장히 힘을 많이 줘야 한다는 사실을 알 수 있어요. 타원형 모양이 달걀이 받는 힘을 넓은 표면적에 골고루 분산시켜 주기 때문이랍니다. 많은 건물 지붕을 타원형으로 짓는 것도 이 때문이에요.

달걀이 신선한지 알아보려면 물속에 넣어 보세요. 오래된 달걀은 떠오르고 신선한 달걀은 가라앉아요. 오래될수록 수분이 날아가고 공기를 흡수하기 때문이지요. 시간이 지나면 달걀은 물보다 밀도가 낮아져서 위로 떠오른답니다.

껍데기
달걀의 단단한 겉껍데기는 탄산 칼슘 결정으로 이루어져 있어요. 아주 작은 구멍이 17,000개나 있는 다공성 구조라서 공기와 수분이 통과할 수 있지요.

막
달걀 껍데기 바로 아래에는 외막과 내막이 있어요. 껍데기처럼 다공성이지만 세균이 들어오지 못하게 보호해 준답니다. 요리용 랩처럼 생긴 달걀 막은 삶은 달걀 껍데기를 까 보면 쉽게 관찰할 수 있어요. 사람의 머리카락과 같은 성분인 케라틴으로 이루어져 있지요.

껍데기
외막
내막

알끈
흰자에 붙어 있는 가는 '줄' 형태의 알끈은 노른자를 달걀 중앙에 고정시켜 주는 일을 해요.

노른자
노른자는 흰자보다 수분은 적고 단백질과 지방질이 풍부해요. 노른자의 단백질은 70℃에서 퍽퍽하고 단단하게 응고되지요.

알부민
알부민 혹은 흰자는 거의 수분으로 이루어져 있지만 단백질도 들어 있어요. 흰자 단백질은 65℃에서 응고되어 하얗게 변해요.

난황막
노른자를 감싸고 있는 얇은 막이에요.

공기층
닭이 달걀을 낳고 나면 내부 온도가 떨어지면서 달걀이 수축해요. 이때 깨지지 않도록 달걀의 외막과 내막 사이에 있는 공기층이 압력을 조정하지요. 달걀이 오래되면 수분이 사라지면서 그 틈을 메꾸기 위해 공기층이 더 커져요.

타조는 새 중에서 가장 큰 알을 낳는데, 길이가 15cm나 돼요.

59

달걀 탱탱볼 만들기

준비물
- 달걀
- 컵
- 식초(어떤 종류라도 괜찮아요.)
- 랩
- 우묵한 그릇
- 손전등(없어도 괜찮아요.)

달걀 속이 터지지 않게 껍질을 벗길 수 있는 방법을 소개할게요. 여러분도 크고 말랑한 달걀 탱탱볼을 만들 수 있답니다. 벌거벗은 달걀을 만들려면 3일 정도가 필요해요. 이 실험은 **산성-염기성 반응**을 확인할 수 있는 멋진 실험이지요. 실험을 끝낸 달걀은 먹지 않는 것이 좋아요. 익히지도 않은 데다가 맛도 없으니까요!

달걀을 씻다가 깨질 경우를 대비해서 한 번에 여러 개를 준비해 두세요.

1일차:
컵에 달걀을 넣은 뒤 잠길 때까지 식초를 가득 부어 주세요. 달걀 껍데기에 거품이 생기는 모습을 볼 수 있어요. 랩으로 컵을 감싸고 윗부분에 구멍을 뚫어 줘요. 그리고 안전한 장소에 보관해 두세요.

2일차:
다음 날이 되면 어제보다 달걀은 더 커지고 겉껍데기가 녹기 시작하는 모습을 관찰할 수 있어요. 오래된 식초를 따라 버리고 식초를 새로 채워 주세요. 이제 다시 랩으로 감싼 다음 안전하게 보관해요.

손전등을 달걀 아래에서 비추면 노른자가 더 잘 보여요.

왜 그럴까?

달걀 껍데기는 약한 염기성인 탄산 칼슘으로 이루어져 있어요. 탄산 칼슘은 식초 속에 있는 초산과 반응해서 거품을 만들고 껍데기를 녹이지요. 껍데기가 벗겨지면 약하긴 하지만 달걀 속 흰자와 노른자 정도는 감당할 만큼 튼튼한 달걀 막만 남는답니다.

3일차:

3일째가 되면 단단한 겉껍데기가 사라져요. 달걀이 부드러워지면 남아 있는 겉껍데기를 찬물로 조심조심 닦아 내요.
그래도 여전히 겉껍데기가 남아 있다면 식초를 다시 채우고 하루 더 놔두세요.

단단한 껍데기가 사라지면 손으로 조물조물 만지거나 통통 튕길 수 있어요. 하지만 꼭 그릇이나 쟁반 위에서 하세요. 달걀이 터질 수도 있으니까요!

막

달걀 흰자

똑똑한 빵의 과학

빵은 **수천 년 동안** 전 세계 사람들에게 많은 영양분을 공급해 준 고마운 음식이에요. 왜 그럴까요? 빵은 주로 밀로 만드는데, 밀은 키우기 쉽고, 보관도 간편하고, 에너지가 풍부한, 요리하기 쉬운 재료이기 때문이죠.

CO_2

빵은 왜 중요할까?

빵은 먹을 것이 부족해 항상 배고픔에 시달렸던 수천 년 전부터 인간에게 영양분을 제공해 주는 기본적인 음식이었어요. 역사적으로 가뭄이나 전쟁, 자연재해가 일어나거나 밀 수확량이 적을 때 굶어 죽는 사람이 많았지요. 빵이 부족할 때마다 역사의 흐름을 크게 바꾼 폭동이나 파업, 혁명이 일어났다는 사실도 굉장히 의미 있는 부분이에요.

빵에는 왜 구멍이 있을까?

껍질이 바삭한 빵 한 조각을 자세히 들여다보면 숭숭 뚫려 있는 작은 구멍들을 발견할 수 있어요. 이 구멍들은 빵 속살을 **폭신폭신하고 부드럽게** 해 주지요. 구멍은 주로 미세한 효모 세포가 아주 작은 이산화 탄소(CO_2) 기체를 잔뜩 만들어 내면서 생긴답니다.

빵은 효모를 비롯한 여러 재료를 넣어서 부드럽고 폭신하게 만드는 발효 과정을 거쳐요. 하지만 발효되지 않은 납작한 빵도 많이들 즐겨 먹지요.

빵의 종류

세상에는 수많은 종류의 빵이 있어요. 밀가루로 만든 바삭하고 길쭉한 프랑스 바게트에서부터, 테프 가루로 만든 폭신하고 구멍이 송송 뚫린, 팬케이크 모양의 에티오피아 인제라 빵까지 다양하지요. 간단한 빵을 만들 때는 **밀가루와 물**만 있어도 되지만 맛이나 식감을 위해 여러 재료를 더 넣기도 해요. 이렇게 만든 밀가루 반죽을 강한 열로 익히면 반죽이 부드러워지다가 빵 모양으로 굳으면서 겉이 단단해져요.

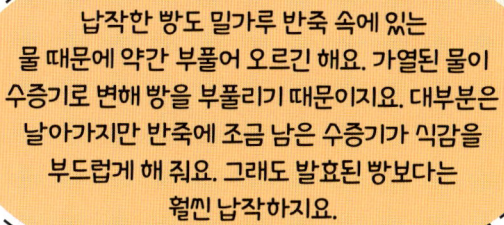

납작한 빵도 밀가루 반죽 속에 있는 물 때문에 약간 부풀어 오르긴 해요. 가열된 물이 수증기로 변해 빵을 부풀리기 때문이지요. 대부분은 날아가지만 반죽에 조금 남은 수증기가 식감을 부드럽게 해 줘요. 그래도 발효된 빵보다는 훨씬 납작하지요.

영어로 '컴패니온'(동반자)이란 말은 '함께 빵을 나눠 먹는 사이'라는 뜻이에요.

빵은 어떤 곡물로도 만들 수 있어요. 딱딱하고 마른 곡물이나 뿌리를 갈아서 만든 가루라면 모두 괜찮답니다. 감자와 옥수수, 쌀로도 맛있는 빵을 만들 수 있지요.

이산화 탄소로 인해 뚫린 구멍

글루텐

빵을 만드는 사람들은 반죽에 **탄성**을 주는 단백질의 한 종류인 글루텐을 아주 중요하게 생각해요. 곡물 가루 속에 들어 있는 글루텐은 빵이 단단해지기 전까지 이산화 탄소 기체가 도망가지 못하도록 잡아 주어 빵이 더 맛있게 부풀어 오르게 하지요. 글루텐은 쫄깃한 식감을 주기도 해요.

빵은 왜 부풀어 오를까?

바삭한 크루아상이나 식빵, 폭신폭신한 잉글리시머핀을 먹어 본 적 있나요? 그럼 단단하고 진득한 반죽이 어떻게 포슬포슬 부드럽고 맛있는 빵이 되는지 궁금하진 않았나요? 그 해답은 **효모균**이라 불리는 조그만 생명체에서 찾을 수 있어요. 이제부터 풍선을 이용해 효모가 어떤 일을 하는지 살펴볼게요.

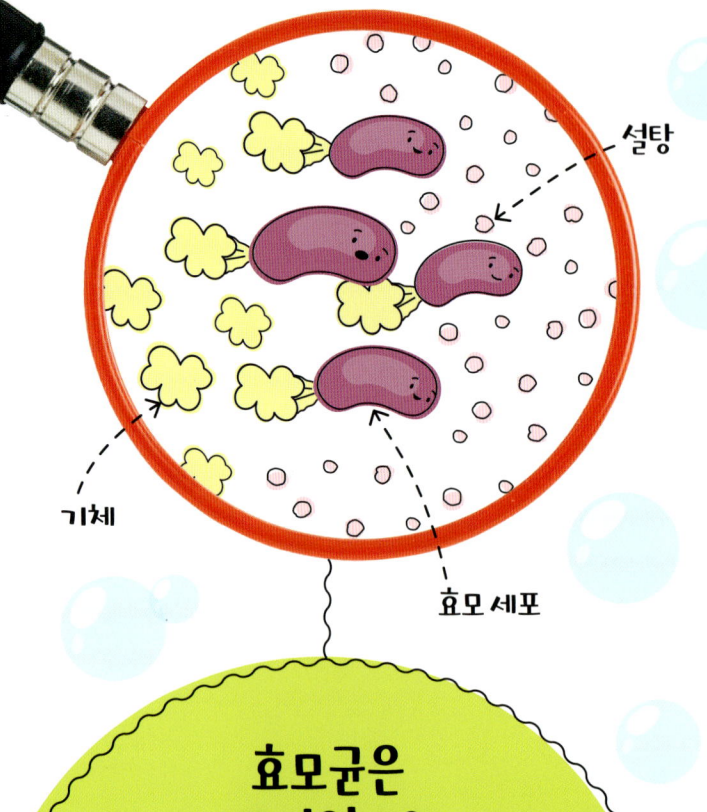

설탕
기체
효모 세포

효모균은 무엇일까?

아주 작은 단세포 동물인 효모균은 곡물 가루에 들어 있는 당분을 먹고 미세한 **이산화 탄소와 에탄올 기체 거품**을 아주 많이 만들어 내요. 빵이 익는 동안 효모는 죽지만 효모가 만든 기체 거품은 반죽 안에 갇혀 빵을 보드랍게 해 주는 구멍을 남기지요. 효모균이 없다면 빵은 딱딱하고 울퉁불퉁한 덩어리가 될 거예요.

준비물
- 분말 효모 4티스푼
- 입구가 좁은 병 2개
- 설탕 3티스푼
- 풍선 2개
- 미지근한 물
- 계량컵

효모균이 부풀린 풍선

병 두 개에 각각 분말 효모를 2티스푼씩 넣고 숫자 1과 2를 적어 구분해 두세요. 2번 병에만 설탕 3티스푼을 넣고, 두 병에 각각 미지근한 물 100ml를 넣어요. 그런 다음 병을 잘 흔든 뒤에 풍선을 씌우세요. 이제 약 한 시간 동안 무슨 일이 일어나는지 지켜보세요.

왜 그럴까요?

설탕에는 효모균에게 필요한 에너지가 많이 들어 있어요. 효모가 설탕을 분해하면 이산화 탄소(CO_2) 기체가 만들어지지요. 2번 병에는 설탕이 들어 있기 때문에 분해되면서 생긴 **이산화 탄소**로 인해 풍선이 부풀어 오른답니다. 하지만 1번 병에는 설탕이 없기 때문에 효모균이 기체를 만들지 않아서 풍선도 부풀지 않지요.

휴지 과정

효모균이 반죽이 부풀 정도로 충분한 기체를 만들려면 시간이 필요해요. 반죽에 효모를 넣으면 효모가 일을 하도록 **한 시간 정도 놔두어야** 하는데, 이 과정을 '휴지'라고 하지요. 반죽에서 효모균이 당분을 먹고 가스를 만들기 전과 먹는 중, 먹고 난 후를 관찰해 보세요.

전

중간

후

효모 세포는 너무 작아서 눈으로 볼 수 없어요. 분말 효모 1티스푼에만 해도 수백만 개의 효모 세포가 들어 있답니다.

바나나는 왜 노랄까?

바나나는 신기한 과일이에요. 익을 시기가 되면 **에틸렌 기체**를 내뿜지요. 그러면 떫은 탄수화물이 달콤한 맛을 내는 당분으로 바뀌면서 과육이 더 부드럽고 맛있어진답니다.

바나나는 약한 방사성을 띠고 있지만 전혀 위험하지 않으니 걱정 마세요. 하지만 핵 방사능 수치를 측정할 때 '바나나등가선량'이라는 개념을 사용하는 경우도 있답니다.

1 익지 않은 바나나는 식물이 자라도록 도와주는 클로로필 때문에 초록색을 띠어요. 초록색 바나나는 아직 탄수화물이 당분으로 분해되지 않았기 때문에 떫고 밍밍한 맛이 나지요.

초록색 바나나는 탄수화물이 담이지만…

사람마다 좋아하는 숙성 정도가 각각 달라요. 여러분은 어떤 바나나를 가장 좋아하나요?

2 바나나가 익기 시작하면 클로로필이 분해되면서 노란색으로 변하기 시작해요. 하지만 과육이 아직 달고 맛있지는 않아요. 에틸렌 기체가 만들어지는 시기가 바로 이 단계지요.

좀 더 익은 바나나는 당분이 10%, 탄수화물이 83%예요.

사람들은 보통 바나나 껍질을 벗길 때 줄기 부분을 잡고 벗기는데, 원숭이는 완전 전문가예요. 원숭이를 보면 오히려 반대편을 잡고 벗길 때 더 편하다는 사실을 알 수 있답니다!

플랜테인

매년 1억 4천8백만 톤씩 자라는 바나나는 세상에서 가장 인기 있는 과일이 되었어요. 엄밀히 말하면 바나나는 산딸기류의 과일인데 크게 두 종류가 있어요. 바로 달콤한 '바나나'와 맛은 있지만 많이 달지 않아 요리에 쓰이는 '플랜테인'이지요. 바나나 나무의 잎은 음식을 장식하는 데 사용하기도 해요.

3 잘 익은 바나나에는 갈색 반점이 생기기 시작해요. 노란 바나나는 당분이 많아 달콤하고, 식감도 부드럽고 쫀득하며, 향긋한 냄새가 난답니다.

4 바나나가 너무 많이 익으면 과육이 검게 얼룩덜룩해지고 걸쭉해져요. 에틸렌을 거의 내뿜지 않거나 조금 내뿜지만 계속해서 익다가 검은색으로 변하면서 상해 버리지요.

많이 익은 바나나는 향이 강해서 빵 만드는 데 사용하면 좋아요.

에틸렌 나누기

익는 중인 바나나는 에틸렌 기체를 아주 많이 내뿜기 때문에 **옆에 있는 과일을 더 빨리 익게** 만들 수 있어요. 하지만 너무 익은 바나나는 에틸렌을 아주 조금밖에 만들지 않아서 크게 소용이 없어요.

착한 곰팡이 나쁜 곰팡이

곰팡이는 나쁜 세균일까요? 솜털처럼 자란 곰팡이는 음식이 상했다는 증거지만 때로는 **아주 유용한 도구**가 되기도 해요. 사실 곰팡이는 몇몇 음식이나 음료를 만들 때 중요하게 쓰인답니다. 치즈와 간장, 페퍼로니나 살라미 같은 절인 고기, 맛과 향을 내기 위해 곰팡이를 사용하는 와인 등을 만들 때 말이에요. 그리고 세계적으로 많이 쓰이는 항생제인 페니실린도 블루치즈의 향을 내는 곰팡이와 같은 종으로 만들어요.

곰팡이는 무엇일까?

곰팡이와 세균은 보통 같이 나타나지만 실제로 둘은 전혀 달라요. 곰팡이는 버섯과 비슷한 아주 작은 균류가 수백만 개 모여 피어난 얼룩이에요. 하얀 솜털처럼 돋아난 부분은 균사가 서로 얽힌 것이고, 먼지처럼 까만 부분은 번식을 위해 곰팡이가 만들어 낸 포자예요. 음식이 상해서 썩는 이유는 곰팡이가 **유기 물질을 먹기 위해** 분해할 때 내뿜는 효소 때문이랍니다.

곰팡이 포자를 확대한 모습

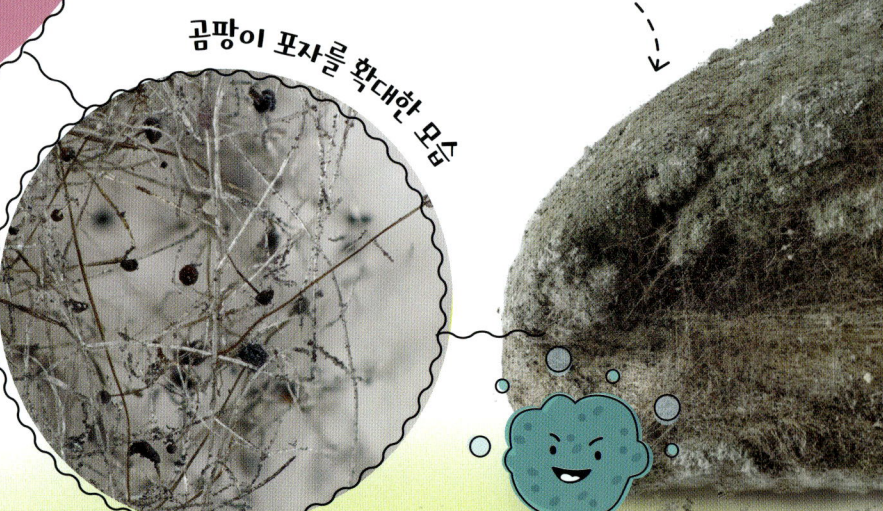

곰팡이에 뒤덮여 심하게 썩은 빵

착한 곰팡이

몇몇 치즈는 맛을 위해 **일부러 곰팡이를 섞어 만들기도** 해요. 영국의 스틸톤이나 덴마크의 데니쉬블루, 프랑스의 로크포르 치즈는 모두 치즈를 만들 때 곰팡이 포자를 넣는답니다. 치즈를 숙성시킬 때 단단한 껍질이 생기기 시작하면 바늘로 구멍을 뚫어요. 그러면 곰팡이가 자라면서 푸른색 줄을 만들지요. 구멍으로 들어간 곰팡이는 치즈를 더 부드럽고 향도 좋게 만든답니다.

갓 구운 빵

곰팡이 포자 때문에 분해되고 있는 빵

로크포르 치즈

어떤 전문가들은 강한 블루치즈를 먹으면 생생한 꿈을 꿀 수 있다고 주장하지만 과학적인 근거는 없는 얘기예요.

서늘하고 그늘진 곳에 두면 곰팡이가 자라는 속도를 늦출 수 있어요. 그래서 냉장고에 보관하면 더 오래 두고 먹을 수 있지요.

페퍼로니

나쁜 곰팡이

숨을 깊이 들이마셔 보세요. 숨을 쉬면 질소와 산소, 이산화 탄소뿐만 아니라 **곰팡이 포자**까지 함께 들이마실 확률이 아주 높아요. 양이 적으면 문제없지만 간혹 독성이 있는 곰팡이가 알레르기 반응을 일으켜 호흡 곤란, 기침, 두통, 눈 가려움증을 일으킬 수 있어요. 곰팡이는 집에서도 특히 습기가 많고 어두운 욕실이나 주방, 찬장 구석에서 자라는데, 나쁜 곰팡이가 보관해 둔 음식을 오염시키면 아주 위험한 일이 일어날 수 있어요.

69

음식이 위험해질 때

우리는 살기 위해 음식을 먹어야 하지만 **가끔은 생명을 지켜 주는 음식이 몸에 해로운 경우도 있어요.** 어떤 식물이나 동물, 균류에는 독성 물질이 있어서 독성을 제거하거나 신경 써서 가공하고 요리해야 하지요. 또 음식을 잘못 보관해도 세균이 많이 생겨 위험할 수 있답니다. 어떤 사람에게는 전혀 문제가 없는 음식이 다른 사람에게는 위험한 경우도 있어요. 그래서 우리가 먹는 음식에 어떤 재료가 들어갔는지 반드시 알고 있어야 해요.

독성

독을 연구하는 학문을 '독성학'이라고 해요. 주로 **지구상 모든 물질을 어느 정도 섭취할 때 안전하고 해로운지** 연구하지요. 예를 들어 물은 생명에 필수적이고 전혀 위험하지 않기 때문에 많이 먹어도 괜찮아요. 사과는 위험한 청산가리 성분이 소량 들어 있긴 하지만 비타민과 식이 섬유가 풍부하게 들어 있어 건강한 음식이라고 할 수 있지요. 안전한 음식이라도 잘못된 방법으로 요리하거나 관리하면 미생물이 자라서 독성이 생길 수 있어요.

> 알레르기는 음식에만 나타나는 건 아니에요. 많은 사람이 곤충의 침, 약, 꽃가루, 동물의 털에 알레르기 반응을 일으켜요.

알레르기와 음식 과민증을 일으키는 가장 대표적인 음식 :

위험한 음식들

복어는 일본에서 즐겨 먹는 생선이에요. 복어 살은 먹어도 안전하지만 내장에는 독성이 있지요. 내장의 독이 잘못해서 음식에 들어가면 신경계에 심각한 영향을 주어 근육이 마비되고 심할 경우 죽을 수도 있어요. 지금은 복어 조리 자격을 엄격하게 규제하고 있지만 1958년에만 해도 복어 독으로 죽은 사람이 176명이나 되었다고 해요.

알레르기

사람의 몸은 굉장히 복잡하고 음식에 들어 있는 화학 물질도 종류가 다양하기 때문에 우리 몸은 거의 모든 음식에 알레르기 반응을 일으킬 수도, 일으키지 않을 수도 있어요. 음식 알레르기 반응은 약하게는 피부 염증부터 심한 경우에는 생명에 위독한 과민증으로까지 나타날 수 있답니다. 알레르기 반응은 감염에 대항하는 우리 몸의 면역계가 **실수로 음식을 위험 물질로 감지**하면서 일어나요. 아직 면역계가 정확히 왜 알레르기 반응을 일으키는지는 밝혀지지 않았어요.

우리나라에서 많이 먹는 산낙지는 작은 문어과 동물이에요. 낙지 다리에 달린 빨판은 죽은 뒤에도 힘이 남아 있어 삼킬 때 목에 붙을 수 있어요. 매년 여섯 명 정도가 산낙지 때문에 죽는다고 해요.

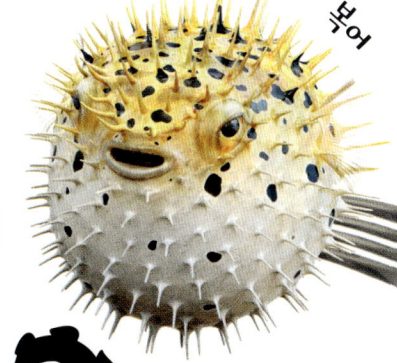
복어

음식 과민증

음식 과민증은 알레르기와는 달라서 생명을 위협하지 않고 면역계와도 관련이 없어요. **보통 특정 음식을 소화하는 능력이 부족**해서 생긴답니다. 그래서 약한 통증부터 설사, 위경련, 복부 팽만증과 같은 불편한 신체 반응을 일으켜요. 주로 유제품이나 밀, 카페인을 먹었을 때 나타나요.

땅콩, 호두나 피칸 같은 나무 견과류, 생선, 갑각류, 달걀, 우유, 콩, 밀, 겨자, 셀러리

매운 녀석들

매운 고추를 한입 먹었을 때 입에서 불이 나는 듯한 느낌을 경험해 본 적이 있나요? 하지만 고추는 실제로 **뜨겁지 않지요**. 우리 뇌가 고추에게 속은 것뿐이랍니다.

매콤한 과학

고추에는 캡사이신이라는 화학 물질이 들어 있어서 얼싸한 맛을 내요. 캡사이신은 우리 입과 목, 피부에 있는 신경 말단과 반응해서 타는 듯한 느낌을 만들지요. 이때 우리 뇌는 매운 감각과 싸우기 위한 소방대원들을 출동시키는 역할을 해요. 그래서 매운맛을 없애기 위해 심장 박동이 빨라지고 땀과 눈물이 흐르는 것이랍니다.

> 고추에 대해 알려진 상식 하나는 작은 고추가 더 맵다는 것이죠.

얼마나 매울까?

고추의 매운 정도는 스코빌 척도로 측정해요. 척도의 숫자는 고추 용액 한 방울을 열감이 느껴지지 않을 때까지 희석하는 데 필요한 물의 양에 따라 달라진답니다. 하지만 고춧가루 같은 종류라도 고추마다 맵기가 다르기 때문에 단순한 지표로 쓰일 뿐이에요.

하바네로 고추

매운 고추

붉은 고추

초매움
약 100,000
스코빌 단위

아주 매움
약 50,000
스코빌 단위

뇌로 향하는 신호

고추

72

할라피뇨 고추

포블라노 고추

피망

매움
약 5,000 스코빌 단위

약간 매움
약 2,000 스코빌 단위

맵지 않음
약 0 스코빌 단위

화끈한 방어기술

고추에서 가장 매운 부분은 캡사이신이 많이 들어 있는 **씨와 세포막** 부분이에요. 다른 동물들이 자기 씨앗을 망가뜨리지 못하게 하기 위한 방어 기제이 하나지요. 씨앗이 망가지면 고추가 더 이상 번식을 할 수 없기 때문이랍니다.

매운맛을 잡아라

고추의 불타는 맛 때문에 고통스러울 때는 물을 계속 마시고 싶어져요. 하지만 물을 마시면 매운 캡사이신이 입안에 골고루 퍼지기 때문에 사태를 악화시킬 뿐이에요. 캡사이신은 물에 녹지 않기 때문이죠! 캡사이신은 기름에 녹기 때문에 요거트나 우유 같은 지방이 들어 있는 유제품을 마시면 훨씬 도움이 된답니다.

많은 사람이 고추를 먹었을 때 느껴지는 적당한 짜릿함을 즐겨요.

새들은 고추의 매운맛을 느끼지 못해요. 과학자들은 새의 맛봉오리가 캡사이신을 감지하지 못하기 때문이라고 설명하고 있답니다.

73

양파를 까면 왜 눈물이 날까?

양파는 요리에 가장 많이 사용되는 채소 중 하나예요. 하지만 양파를 써는 요리사는 누구라도 양파에서 나온 못된 화학 물질의 공격을 피할 수 없어요. 이는 자연에서 동물들에게 먹히지 않으려는 양파의 영리한 **화학적 방어 기제**랍니다. 천만다행으로 한번 불에 익히고 나면 이 화학 물질들은 달큰한 맛을 내는 다른 물질로 변하지요.

> 사람들이 양파를 무척 좋아해서 매년 1억 톤에 가까운 양파를 재배해요. 아주 성공적인 식물이지요. 정말 영리해요.

식물의 방어 기술 ⚠

양파 말고도 방어 기술을 가지고 있는 식물은 많아요. 사람을 비롯한 포식자들에게 대항하기 위해 고추는 매운맛을 내며, 자극적인 맛을 내거나 독성을 만들어 내는 채소들도 있답니다.

카사바

카사바에는 청산가리 화합물이 있어서 독성 성분이 강해요. 가뭄이 들면 청산가리의 함유량이 더 높아지지요. 하지만 이 화합물은 물에 담그거나 익히면 파괴되기 때문에 익혀서 먹으면 괜찮답니다.

익히지 않은 강낭콩

익히지 않은 강낭콩에는 피토헤마글루티딘이라는 독성 화학 물질이 많이 들어 있어요. 그래서 4~5개만 먹어도 구토와 설사를 일으킬 수 있지요. 제대로 요리하면 괜찮지만 다룰 때 주의해야 해요.

눈물이 나게 만드는 양파 기체!

이유가 뭘까?

양파를 썰 때 칼이 양파 세포들 사이를 가르고 지나가면 수많은 화학 물질이 서로 섞여요. 화학 물질들이 섞이면서 발생한 자극적인 화학 기체가 우리 눈으로 날아 들어오는 것이지요. 신경계는 이 기체를 감지하고 눈에 자극 물질이 들어왔다는 신호를 뇌로 보내요. 신호를 받은 뇌는 다시 눈물길에서 **자극 물질을 흘려보낼** 눈물을 만들어 내도록 신호를 보내지요. 그 결과 우리 눈에서 눈물이 줄줄 흐르는 것이랍니다.

버섯

알광대버섯이나 가을황토버섯, 광대버섯은 독성분이 있지만 식용 버섯과 비슷하게 생겨서 아주 위험해요. 산에서 발견한 버섯은 전문 채집자가 확인해 주지 않는 이상 절대 먹으면 안 돼요.

대황

대황의 줄기는 맛있는 요리를 만드는 재료가 되지만, 잎사귀에는 신장 손상을 일으키는 등 우리 몸을 아프게 하는 옥살산이라는 성분이 많이 들어 있어요. 다행히 잎사귀는 굉장히 시어서 어차피 먹기 힘들지만요.

과일 씨앗

사과나 살구, 복숭아, 자두와 같은 과일의 씨에는 몸에 해로운 청산가리 성분이 들어 있어요. 비록 소량이지만 많이 먹으면 위험할 수 있어요.

맛있는 슬라임

조물조물 말랑말랑 재밌는 슬라임에는 사실 굉장한 과학이 숨어 있어요. 과학으로 설명하자면 슬라임은 **규칙 위반**이라고 볼 수 있지요. 슬라임을 손으로 늘리고 쿡쿡 찌르면 과학 이론과 맞지 않게 움직이거든요. 어쨌거나 이 슬라임의 가장 큰 장점은 바로 먹을 수 있다는 점이랍니다!

준비물
- 큰 마시멜로 10개
- 전자레인지용 그릇
- 전자레인지
- 주걱
- 체
- 옥수수 전분 2스푼
- 가루 설탕 2스푼

1

마시멜로를 전자레인지용 그릇에 담아요. 그릇째 전자레인지에 넣고 10초 동안 돌려 주세요.

2

잘 섞어 주고 완전히 녹지 않았다면 전자레인지에 몇 초 더 돌려 주세요. 다 녹을 때까지 반복해요.

3

옥수수 전분과 가루 설탕을 체에 걸러서 녹은 마시멜로에 조금씩 넣어 주세요. 한 번에 넣으면 섞기 힘드니까 중간중간 잘 저어 주어야 해요.

4

모두 잘 섞이면 충분히 식힌 다음 가지고 놀아 보세요. 입으로 들어가는 건 시간문제겠지만요!

슬라임이 너무 찐득찐득하다면 옥수수 전분을 조금 더 넣으세요. 옥수수 전분이 손에 덜 달라붙게 해 줄 거예요.

얄미운 케첩

병 속 케첩은 물처럼 쉽게 흘러나오지 않아요. '평범한' 액체처럼 흘러내리지 않고 병 바닥에 붙어 있는 경우가 많지요. 케첩 병을 탁탁 치거나 힘을 주고 쥐어짜야 겨우 나와요!

물과 올리브 오일은 뉴턴형 유체지만 슬라임과 케첩은 비뉴턴형 유체예요.

반드시 손을 씻은 다음 만들어 먹어야 해요. 세균을 잔뜩 먹으면 안 되니까요.

슬라임의 과학

물과 같은 액체 속 원자는 자유롭게 돌아다녀요. 우리는 이런 액체를 아이작 뉴턴의 이름을 따서 뉴턴형 유체라고 불러요. 뉴턴형 유체는 액체가 움직이는 법칙을 설명한 뉴턴의 이론에 따라 움직여요. 하지만 슬라임은 비뉴턴형 유체랍니다. **뉴턴의 법칙을 깨뜨린다**는 뜻이지요! 슬라임의 점도와 저항성은 우리가 주는 힘에 따라 변해요. 그래서 늘리고 찌그러뜨리는 대로 모양이 변하지요.

소화로 떠나는 여행

우리는 한번 입으로 들어간 음식에 대해서는 더 이상 생각하지 않지만 소화의 마법은 바로 그 순간부터 시작된답니다! 우리 몸이 여러 장기는 음식을 구성하는 복잡한 물질들을 분해해서 **우리 몸에서 사용할 수 있는** 단순한 물질로 바꿔요. 그리고 우리 몸에 필요하지 않은 부산물은 모두 처리해서 밖으로 내보내지요.

치아

치아는 엄청난 힘으로 음식을 찢고 부술 수 있어요. 이 과정을 기계적 소화라고 불러요. 화학적 소화가 시작될 수 있도록 음식을 작은 조각으로 부숴 준비하는 단계지요.

침

음식이 침과 섞이면 진정한 화학적 소화가 시작되지요. 침에는 지방을 분해하고 음식을 부드럽게 만들며 세균을 죽이는 효소라는 물질이 들어 있어요.

효소가 음식을 분해해요.

식도

먹은 음식과 음료수는 모두 입과 위를 연결하는 식도를 지나요.

소화관

소화관은 커다란 방이 몇 개나 달린 **하나의 긴 관**이에요. 입에서부터 항문까지 모두 연결되어 있는데, 그 표면적을 모두 합하면 테니스장만큼 크답니다.

위

위는 작은 주머니지만 크게 늘어나기 때문에 액체와 고체를 많이 담을 수 있어요. 위에서는 강력한 위액이 분비되면서 음식과 액체를 마구 휘저어요. 그리고 천천히 소장으로 내보내지요.

간

간에서는 지방과 기름을 작은 조각으로 분해해 소화되기 쉽게 만드는 담즙을 분비해요. 간은 우리 혈액 속에 있는 독성을 해독하는 역할도 하지요.

대장

소화 과정의 마지막 관문인 대장에서는 많은 물이 음식 속으로 다시 흡수되고 장내 세균이 음식 속 섬유를 분해해요. 장내 세균은 식이 섬유를 분해하면서 기체를 만들지요. 소화된 음식이 마지막으로 향하는 직장은 우리가 화장실에 가기 전까지 똥을 보관하는 공간이랍니다.

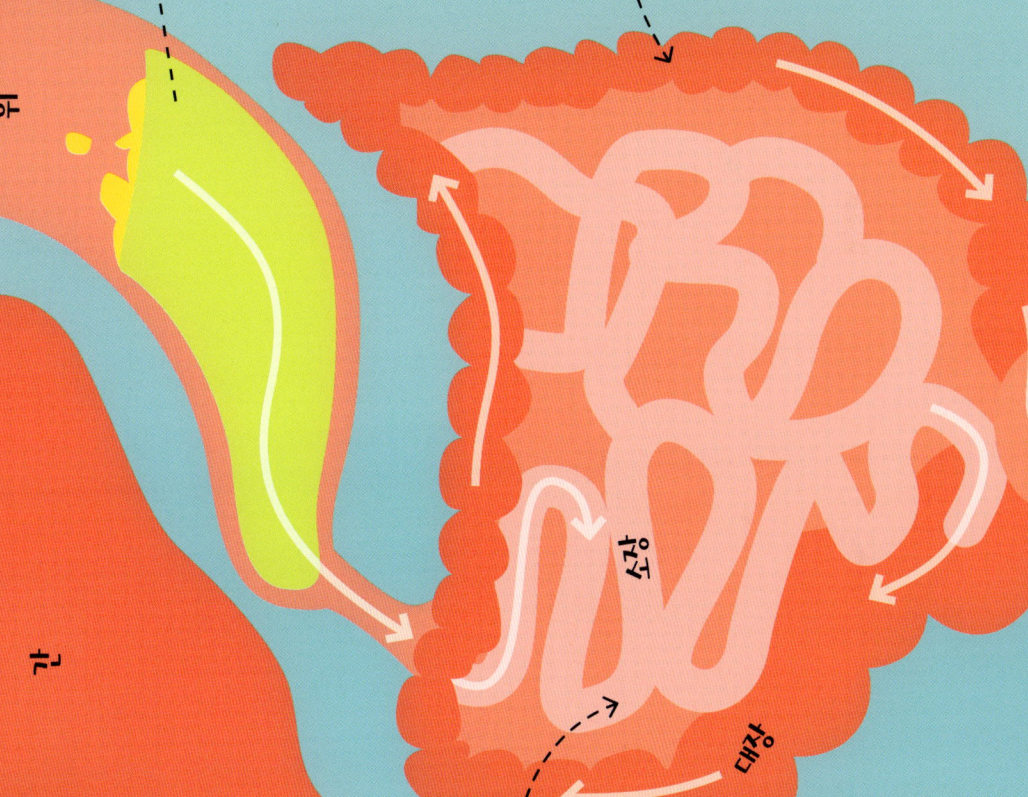

소장

소장은 가늘지만 굉장히 길어요. 소장에서는 음식이 더 많은 효소들과 섞이면서 더 단순한 물질로 분해되지요. 분해된 음식은 장벽으로 흡수되고 혈관을 통해 영양소가 필요한 몸 곳곳으로 운반된답니다. 그래서 피부, 뼈, 뇌, 눈 어디든지요.

구토를 하면 위에 들어 있는 효소나 위산이 올라와서 끔찍한 맛이 나요. 위는 내부에서 끊임없이 점액을 만들어 내기 때문에 위액에 녹지 않는답니다.

79

초강력 침 실험

이 실험은 침을 뱉어야 해서 조금 더럽다고 느낄 수 있어요. 하지만 침은 **효소** 작용을 알아보기 위해 꼭 필요한 재료랍니다. 효소는 화학 반응 속도를 수백만 배까지 높여 주는 강력한 물질이에요! 침에는 음식을 분해하는 효소인 **아밀라아제**가 들어 있어서 커스터드 분말에 넣으면 놀라운 효과를 확인할 수 있지요.

준비물

- 옥수수 전분으로 만든 커스터드 분말 1팩
- 큰 그릇
- 같은 모양의 컵 2개
- 숟가락 2개
- 큰 쟁반
- 작은 도마 (쟁반보다 작아야 해요.)

1 그릇에 커스터드 분말로 만든 커스터드 크림을 담고 15분 동안 식혀 줘요.

옥수수 전분은 음식을 걸쭉하게 만들 때 많이 사용해요. 또 슬라임이나 우블렉이라는 물질을 만들 때 쓰기도 하지요. 우블렉은 저어 주거나 때리면 단단해지는 유체랍니다.

2 커스터드 크림을 컵 두 개에 나누고 숫자 1과 2로 표시하세요. 1번 컵에는 침을 몇 번 뱉고, 2번 컵에는 깨끗한 숟가락으로 물을 조금 떠 넣은 다음 둘 다 잘 섞어요.

3 도마를 쟁반 위에 놓고 경사지도록 쟁반 아래에 물건을 받쳐 주세요. 도마는 커스터드 크림을 흘려보낼 미끄럼틀로 사용할 거예요.

왜 그럴까?

침은 커스터드 크림을 묽게 만들어요. 커스터드 크림을 걸쭉하게 만들어 주는 전분은 침 속 **아밀라아제에 민감하기 때문**이에요. 침 속의 아밀라아제는 화학 물질이 분해되는 속도를 높여 주기 때문에 물만 넣은 것과 비교하면 한눈에 차이를 확인할 수 있어요. 눈으로 확인할 수 있을 정도로 음식을 분해하는 속도를 엄청나게 높여 주는 고마운 효소지요.

옥수수 전분이 든 커스터드 분말

이 실험은 옥수수 전분이 들어간 커스터드 분말을 사용해야 성공할 수 있어요. 집에서 만드는 커스터드 크림은 우유나 생크림과 노른자만으로 뭉근하게 끓여서 만들기도 하기 때문에 잘 확인해야 해요.

커스터드 분말

침

효소

물을 넣은 커스터드 크림은 걸쭉하고 찐득해요.

침을 넣은 커스터드 크림은 묽고 연하게 변했어요.

4 양손에 컵을 하나씩 들고 도마 끝에서 동시에 흘려보내요. 어떤 일이 일어날까요?

방귀가 나오는 음식과 오줌 폭탄

음식을 삼키면 그때부터 우리 몸은 **똥과 오줌, 트림, 방귀, 그리고 이상한 냄새**를 만들기 위한 놀라운 과정에 돌입하지요. 이 과정은 모두 소화계가 정상적으로 작동하고 있다는 증거예요. 하지만 많은 사람이 부끄럽거나 예의 없다고 생각해서 입에 올리기 꺼려 하는 주제이기도 해요. 안타까운 일이죠. 왜냐하면 똥과 오줌은 우리가 건강한 생활을 하기 위해 꼭 필요할 뿐만 아니라, 환상적인 과학을 잔뜩 품고 있거든요.

어떤 음식들은 다른 음식보다 방귀를 더 잘 뀌게 만들어요. 고기나 생선, 렌틸콩, 콩류처럼 단백질이 많은 음식이 보통 방귀 냄새를 지독하게 만들지요. 하지만 순수하게 방귀 소리로 따지자면 곡물이나 뿌리 채소, 양파, 양배추, 브로콜리, 콩류, 과일처럼 식이 섬유가 많은 음식이 제일이에요. 그중에서도 방귀를 가장 잘 나오게 만드는 음식은 돼지감자랍니다.

돼지감자

거름은 흙에 영양분을 주어 식물이 건강하게 자랄 수 있도록 도와줘요.

똥

똥은 미처 소화되지 못한 음식의 잔여물에 장내 세균, 죽은 장벽 세포, 물, 몸에서 필요하지 않은 부산물이 합쳐진 물질이에요. 똥은 **빌리루빈**이라는 물질과 죽은 적혈구 때문에 갈색을 띠지요. 똥은 제대로 관리하면 아주 유용하답니다. 훌륭한 거름이 될 수 있고, 말려서 태우면 연료로 사용할 수도 있어요. 또 발효시키면 메탄가스를 만들 수도 있지요.

의사들이 똥의 종류를 구별하는 기준으로 사용하는 지표를 브리스톨 대변 척도라고 해요.

방귀

건강한 식단으로 식사를 한 뒤에 방귀가 나오는 건 아주 자연스러운 현상이에요. 평균적으로 성인이 하루에 1.5L 정도의 기체를 만드는데, 이 기체를 제대로 **내보내지** 못하면 오히려 문제가 된답니다. 방귀는 기체들의 조합이에요. 이 기체들은 대부분 우리 대장에 있는 세균들이 만들지만 음식과 함께 삼킨 공기와 이산화 탄소도 포함돼요. 사람마다 다르지만 방귀는 질소와 이산화 탄소, 수소로 이루어져 있고, 메탄이 들어 있는 경우도 있지요.

방귀 냄새는 음식에 아주 적게 들어 있는 냄새 분자 때문에 생겨요. 그중 황화 수소는 달걀 썩은 냄새가 나고, 트리메틸아민은 생선 비린내, 메틸 티오뷰티레이트는 치즈의 쿰쿰한 냄새, 메테인싸이올은 양배추 냄새가 나요.

방귀가 나오는 콩!

오줌

소화계는 음식을 분해하면서 많은 부산물을 만들어요. 오줌은 요소나 크레아틴, 요산과 같은 부산물을 흘려보내기 위한 장치 중 하나지요. 간은 혈액 속에서 사용하고 남은 물과 당분, 노폐물과 함께 이 부산물들을 걸러 내요. 오줌은 우리 몸속 물과 염분의 균형을 맞추는 역할도 한답니다.

아스파라거스는 맛도 있지만 황과 비타민 성분 때문에 우리 몸에 아주 재미있는 현상을 일으켜요. 바로 오줌 냄새를 강하게 만들고 녹색으로 변하게 하지요. 이 냄새가 괜찮다고 말하는 사람도 있지만 싫어하는 사람도 있어요. 그리고 일부는 오줌 냄새가 전혀 변하지 않았다고 말해요. 하지만 실제로 그런 것인지, 아니면 단순히 그 사람들이 냄새를 맡지 못하기 때문인지는 확실하지 않답니다.

오줌은 아주 유용해요. 질소가 많아서 거름으로 쓸 수 있고, 요소가 풍부해 얼어붙은 땅을 녹이거나 디젤차의 독성 배기가스를 제거할 수 있지요. 폭발물도 만들 수 있어서 과거에는 화약을 만드는 데 사용하기도 했답니다.

놀라운 채소의 세계

채소에는 귀한 영양소가 많아요. 식이 섬유와 비타민, 무기질은 많고 지방과 칼로리는 적어서 소화가 잘되고 건강에도 아주 좋답니다. 현대 요리법에서 채소는 과일이나 견과류, 곡물이 아닌, 먹을 수 있는 모든 식물을 뜻해요. 하지만 엄밀히 말하면 **사람이 먹을 수 있는 모든 식물**은 다 채소라고 할 수 있기 때문에 약간 헷갈릴 수도 있어요.
여기서는 크게 다섯 가지 종류의 채소를 소개할게요.

뿌리채소와 덩이줄기
감자, 파스닙, 당근, 비트, 생강, 고구마, 참마

→ 참마

땅속에서 자라면서 식물의 에너지를 저장하는 기관이에요. 그래서 보통 탄수화물이 풍부하게 들어 있지요. 보관하기도 쉽기 때문에 세계 여러 나라에서 주식으로 즐겨 먹는답니다.

꽃과 싹 채소
콜리플라워, 아티초크, 케이퍼, 호박꽃, 브로콜리

→ 브로콜리

브로콜리의 머리 부분을 자세히 보면 아주 작은 꽃들이 모여 다발을 이룬 것을 알 수 있어요. 브로콜리가 익으면 꽃이 피면서 노란색으로 변하지요.

잎채소
양상추, 시금치, 케일, 양배추, 미나리, 청경채

→ 청경채

에너지를 얻기보다 맛과 향, 질감을 즐기기 위해 먹어요. 비타민과 무기질, 식이 섬유가 많이 들어 있지요.

호박 · 브로콜리 · 양상추 · 감자 · 당근

왜 아이들은 채소를 싫어할까?

양배추, 브로콜리, 콜리플라워, 새싹 채소와 같은 채소들은 모두 **약간 씁쓸한 맛**이 나는데 어린아이들은 어른보다 이 쓴맛을 잘 느껴요. 아기들이 살아남기 위해 그렇게 진화되었거든요. 또 어린아이들은 가능한 한 살을 찌워 두는 게 생존에 유리하기 때문에 달고 기름진 음식을 좋아해요. 이런 입맛은 나이가 들면서 서서히 변해요. 학교에 들어간 뒤에도 단 음식을 좋아하는 사람에겐 변명의 여지가 없답니다!

과일일까, 채소일까?

우리가 채소라고 생각했던 식물이 사실은 과일인 경우가 많답니다. 과일의 정의는 '꽃을 피우는 식물에서 자라거나 꽃이 핀 뒤에 씨방에서 나온 씨앗을 품은 열매'예요. 즉, 우리가 매우 사랑하는 **토마토는 과일**이라는 뜻이지요! 이상한가요? 이 정의에 따르면 오이나 고추, 피망, 가지, 올리브, 콩꼬투리뿐만 아니라 쌀도 모두 과일이에요!

알뿌리와 줄기채소
양파, 파, 아스파라거스, 셀러리, 콜라비, 마늘

→ 마늘

알뿌리는 식물이 에너지를 저장하기 위해 두툼한 모양을 하고 있는 줄기예요. 양파는 땅속에서 자라고, 파와 셀러리는 식물의 줄기로 자라지요.

콩깍지 채소
콩, 완두콩, 깍지콩, 메주콩, 렌틸콩, 오크라, 땅콩

→ 땅콩

식물의 씨앗이에요. 깍지콩처럼 콩깍지와 같이 먹거나 콩깍지 자체를 먹기도 해요. 씨앗에는 새로운 식물을 만드는 데 필요한 모든 영양소가 들어 있어요. 우리에게 에너지를 주는 영양분도 많이 있답니다.

1893년 미국 대법원에서는 토마토가 과일이냐, 채소냐를 두고 재판이 열렸어요. 미국은 채소와 과일에 매기는 세금이 달랐기 때문에 토마토에 어떤 세금을 적용할지 엄격한 기준을 정해야 했답니다.

양파 · 피망 · 토마토 · 메주콩 · 완두콩

신기한 과일의 세계

과일은 식물이 씨앗을 퍼뜨리기 위해 만든 당분 주머니예요. 사람과 동물들을 유혹하기 위해 새콤달콤한 맛을 내지요. 과일 속 씨앗은 보통 단단한 껍질이 감싸고 있기 때문에 소화계를 그대로 통과할 수 있답니다. 그래서 동물이 과일을 먹고 나중에 똥을 누면 씨앗은 멀쩡히 나와서 새로운 장소에서 자랄 준비를 해요.

키위
포도
용과
레몬
사과
리치
파인애플

강력한 파인애플

파인애플에는 브로멜라인이라고 하는 아주 강력한 효소가 들어 있어서 단단한 식이 섬유를 부드럽고 촉촉하게 만들기 때문에 **고기를 연하게** 만들 때 사용해요. 파인애플을 많이 먹으면 입안이 헐어서 아픈 이유도 바로 브로멜라인 때문이지요.

껍질째 먹기

식이 섬유와 비타민, 수분이 풍부한 신선한 과일은 **몸에 아주 좋은 음식**이에요. 과일은 통째로 먹거나 사과와 배처럼 껍질째 먹어야 영양소를 제대로 섭취할 수 있답니다. 과일은 대부분 수분으로 이루어져 있지만 물을 머금고 있는 수많은 세포들 덕분에 단단한 구조를 하고 있어요. 이 세포들을 이루는 섬유소와 리그닌을 통해 우리는 식이 섬유를 얻을 수 있지요.

식물학 정의에 따르면 과일은 씨앗을 품고 있어야 해요. 하지만 씨앗 없는 과일을 만드는 기술이 개발된 덕분에 우리는 씨 없는 포도나 오렌지, 바나나, 귤 등을 먹을 수 있게 되었지요.

떠니

라임

코코넛

바나나

코코넛은 동물이 먹어서 똥으로 누기에는 너무 커요. 대신 가벼워서 바다에 떨어져 씨앗을 퍼뜨릴 새로운 장소를 찾아 둥둥 떠다닐 수 있답니다.

잘 익은 과일

덜 익은 과일을 먹고 맛이 없다고 느껴 본 적이 있나요? 덜 익은 과일은 **당분이 적어서** 시큼해요. 씨앗이 살아남을 수 있을 만큼 익기 전에 동물들이 먹어 치우지 못하도록 하기 위해서랍니다. 씨앗이 준비를 마치면 당분 수치가 올라가고 과일이 익기 시작해요. 동시에 과일은 먹을 준비가 되었다는 신호로 알록달록 예쁜 색깔을 내지요.

독성이 있는 과일

과일은 대부분 맛있어서 많은 동물이 좋아하지만 겨우살이나 딱총나무, 쥐똥나무, 벨라도나 열매에는 독이 있어요. 이 식물들은 씨앗을 퍼뜨리는 데 도움이 되지 않는 동물들이 열매를 먹지 못하도록 하기 위해 독성을 내뿜지요.

고기의 비밀

고기는 **동물의 살**이에요. 고기에는 단백질과 비타민 A와 B, 철분과 같은 무기질이 아주 많이 들어 있어요. 훌륭한 맛과 풍부한 영양소 때문에 많은 사람이 좋아하지요. 게다가 고기는 수천 년 동안 문화적·사회적으로 중요한 의미를 지녀 왔어요. 사람들은 선사 시대부터 고기를 먹었는데, 고기를 구하는 일이 아주 힘들고 위험해서 큰 노력이 필요했음에도 불구하고 고대 사람들의 식단에서 큰 비중을 차지했지요.

> 고기는 익으면서 진한 갈색으로 변해요. 이 과정을 메일라드 반응이라고 해요.

고기의 구성 성분

고기는 대부분 물과 단백질, 지방으로 이루어져 있어요. 햄버거나 스테이크에 들어가는 '붉은 고기'는 동물의 근육이고 색이 연한 닭고기나 돼지고기는 '흰살 고기'라고 하지요. **고기의 가격**은 다양한 요소의 영향을 받아요. 얼마나 윤리적으로 생산되었는지, 어떤 동물의 고기이고 어느 부위인지에 따라 다르지요. 보통 소와 양은 돼지, 닭보다 더 비싸답니다.

지방

	비싼 고기	저렴한 고기
사육법 :	방목 & 유기농	밀집 사육
고기의 종류 :	소, 양, 달팽이 등	닭, 돼지, 곤충 등
고기 부위 :	안심, 등심, 가슴살 등	국거리용 고기, 다리살 등

고기는 빠르고 쉽게 요리할 수 있는 부위가 더 비싸요. 안심은 소고기 중에서도 가장 요리하기 쉽고 부드러운 부위라서 아주 비싸지요. 하지만 국거리용 고기는 부드러워질 때까지 오래 끓여야 하는 부위라서 훨씬 싸요.

근육 섬유

고기를 꼭 먹어야 할까?

우리가 고기를 먹으려면 동물을 죽여야 하는 건 피할 수 없는 일이에요. 우리는 지난 수천 년간 고기를 먹어 왔지만 **고기 없이도 살 수 있어요**. 고기에 영양소가 많긴 해도 어떤 사람에겐 채식이 몸에 더 잘 맞을 수 있기 때문이에요. 게다가 우리가 먹는 음식 때문에 환경이 파괴되거나 동물을 죽이는 일이 생기지 않길 바라는 사람들도 점점 늘고 있지요. 그중에 고기는 먹지 않지만 유제품은 먹는 사람은 **채식주의자**라고 부르고, 동물에서 얻는 모든 음식을 거부하는 사람을 **완전 채식주의자**라고 부른답니다.

고기의 종류

가장 흔히 먹는 고기는 **돼지고기, 소고기, 닭고기, 양고기**예요. 하지만 곤충이나 거미뿐만 아니라 달팽이 같은 복족류도 고기의 일종이라고 할 수 있어요. 쥐와 비슷하게 생긴 기니피그 고기는 페루에서 즐겨 먹는 잔치 음식이고, 말도 전 세계 여러 나라에서 고기로 먹고 있어요.

돼지
거미
소
닭
양
말
달팽이
기니피그

생선과 해산물이 고기인지에 대해서는 논란이 있어요. 하지만 해양 생물도 동물이라는 사실은 분명하지요.

가짜 고기

고기는 맛있고 훌륭한 단백질원이지만 먹기 꺼려지는 몇 가지 이유가 있어요. 고기 생산 과정에서 전체 온실 기체의 절반이 배출되고, 땅과 물, 사료가 너무 많이 든다는 점이에요. 물론 수십억 마리의 동물들이 고기를 제공하기 위해 죽어 가고 있다는 사실도 잊어선 안 되겠죠. 사실 우리에게 필요한 모든 영양소를 식물에서 얻을 수 있지만 고기 맛 자체를 사랑하는 사람들도 있기 때문에 고기를 **대체할 식품**이 개발되었답니다.

효모 잼

고기 맛 만들기

고기 대체 식품을 만들 때 가장 중요한 고기 맛을 재현하는 일은 어렵기도 하고 다양한 재료가 많이 필요해요. 그중에서도 가장 식물성에 가까운 재료는 **효모 잼**이랍니다. 효모 잼은 익혀서 찧은 옥수수와 쌀, 감자, 밀 전분, 소금과 향신료, 버섯 추출물, 조미료, 토마토 퓨레, 마늘, 후추, 졸인 양파와 당근, 셀러리를 섞어서 만들어요.

이 보슬보슬한 콩 고기는 고기 맛이 거의 나지 않아요. 더 '고기스럽게' 만들려면 다른 재료를 첨가해야 하지요.

헴 고기

헴 고기는 질감과 맛이 소고기 패티와 비슷하고 요리법까지 같아요. 고기 질감을 살린 밀 단백질과 감자 단백질에 혈액과 비슷한 헴이라는 특별한 재료를 넣어 만들지요. **헴**은 유전자 변형된 효모로 만들어요. 고기의 육즙을 재현하기 위해 코코넛 오일을 넣긴 하지만 주재료는 놀랍게도 물이랍니다.

콩 고기

콩 고기는 저렴하고 일반적인 고기 대체 음식이에요. **메주콩**에서 기름을 짜내고 남은 부산물로 만들어요. 메주콩 가루를 끓이면서 높은 압력으로 작은 구멍에 밀어 넣으면 신기하게도 물을 많이 빨아들일 수 있는 보슬보슬한 식감으로 변한답니다

게맛살에 고기가 들어 있긴 해요. 하지만 정확히 어떤 고기가 들어 있는지 알아 둘 필요가 있지요.

게맛살

게맛살은 보통 게살로 만들지 않아요. 주로… 생선이 들어가지요. 게는 아주 비싸서 식품 회사에서는 명태 같은 저렴한 생선에 전분, 설탕, 달걀 흰자, 조미료를 섞고 분홍색 식용 색소로 색을 입혀 만들어요.

균류

단백질이 풍부한 **푸사리움 베네나툼** (*fusarium venenatum*) 곰팡이의 단백질을 발효시키면 훌륭한 고기 대체 식품을 만들 수 있답니다. 이 곰팡이를 잘 말려서 달걀이나 감자로 만든 재료와 함께 섞어요. 그리고 조미료를 넣고 다양한 모양과 크기로 가공하면 고기를 대신할 음식을 만들 수 있지요.

닭고기 맛 콩 단백질

메주콩과 완두콩 단백질, 섬유질로도 고기 대체 식품을 만들 수 있어요. 증기와 압력, 차가운 물을 사용해 닭고기의 식감을 재현해요. 그리고 조미료를 추가하고 잘라서 반조리 식품으로 만든답니다.

생선 단백질

생선이 들어가지 않는 생선 튀김은 보통 **쌀가루**로 만들어요. 해초에서 얻을 수 있는 알긴산 소듐의 도움을 받아 모양을 잡고 효모와 파프리카, 소금, 천연 조미료 몇 가지를 섞어 맛을 내지요.

식물

미래의 음식 문제에 대한 가장 쉬운 해결책은 **고기를 먹지 않는 것**이에요. 소가 살을 1kg 찌우려면 곡식을 약 6kg이나 먹어야 하기 때문에 소를 키우지 않으면 그 넓은 땅에 사료 대신 사람이 먹는 식물을 키울 수 있어요. 소를 사육하면 물과 에너지가 굉장히 많이 필요하고 환경에 좋지 않은 기체도 생겨난답니다. 그래서 고기를 덜 먹고 채소를 많이 먹으면 환경에 도움이 돼요!

미래의 음식

현재 약 70억 명인 전 세계 인구는 2040년이 되면 90억 명으로 늘어날 거라 예상돼요. 이제는 사용할 수 있는 땅이 제한적이어서 모든 사람을 먹여 살릴 새로운 방법을 찾아야 할 때랍니다. 인구가 늘어나면 땅과 물을 더 많이 사용하고, 온실 기체도 더 많이 배출할 수밖에 없으니까요. 그래도 다행인 건 우리가 지금까지 모르고 지나쳤던 식재료들이 **지구의 자원을 올바르게 사용할 수 있도록** 새로운 음식으로 개발되고 있다는 사실이에요. 하지만 이 음식을 먹으려면 큰 용기가 필요하다는 단점이 있지요!

한 가지 해결책은 더 경제적인 고기를 찾는 거예요. 곤충은 먹이와 물을 훨씬 적게 사용하고 다른 동물보다 공간도 덜 차지하는 훌륭한 단백질원이지요.

3D 프린팅 음식

음식을 프린트한다는 재밌는 발상은 지금까지 색다른 음식을 만들 때만 주로 사용되었어요. 하지만 겉보기만 그럴듯한 속임수는 아니에요. 음식을 프린트하면 **정확히 내가 원하는 음식**을 만들 수 있다는 장점이 있어요. 특별한 식이 요법을 해야 한다거나 식당 음식이 너무 짜거나 많다고 느껴질 때, 알레르기를 일으키는 재료를 빼고 싶을 때, 최소한의 재료로 내가 원하는 목적에 정확히 맞는 음식을 만들 수 있지요.

연구실에서 배양한 세포 고기

연구실에서 만들었다는 의미로 '시험관 고기'라고도 알려진 이 고기는 특별한 액체를 먹인 **고기 세포**를 키워서 만들어요. 고기 세포가 자라서 먹을 수 있는 고깃덩어리가 될 때까지 복제시키는 방법이지요. 세포가 고기와 같은 구조로 자라게 하기 위해 세포 형성을 도와주는 식용 재료에서 키운답니다.

유전자 변형 작물

유전자 변형 작물은 **DNA를 변형**시킨 식물이에요. 많은 사람이 음식의 유전자를 변형시킨다는 사실을 좋아하지 않아요. 하지만 이 기술을 이용하면 수확량을 높일 수 있는 데다가 척박한 땅에서도 식물들이 잘 자라게 할 수 있어요. 또 환경에 좋지 않은 거름을 적게 사용하면 지구 환경에도 도움이 된답니다.

해조류

해조류는 연못에서 슬라임처럼 자라는 아주 작은 단세포 미세 조류부터 바다에 떠다니는 거대한 다시마까지 다양해요. 김밥을 먹어 봤다면 이미 해조류를 먹어 봤다고 할 수 있어요. 김도 해조류의 한 종류거든요. 해조류는 광합성을 이용해 아주 **효과적으로** 햇빛을 에너지로 변환시켜요. 그래서 바닷속 해조류는 지구상의 산소 중 절반을 만들어 내고 있답니다. 해조류를 양식으로 키울 때는 햇빛을 통과시킬 수 있는 커다란 연못이나 유리 수조를 사용해요.

해파리는 우리나라를 비롯한 동아시아에서 꽤 오래전부터 먹어 왔어요. 식감이 좀 질기긴 하지만 칼로리가 아주 적어서 미래에 다이어트 음식으로 사랑받을지도 몰라요.

벌레 한 스푼 하실래요?

미래를 위한 음식은 이미 수백만 년 전부터 우리 곁에 있었어요. **키우기도 쉽고 맛도 좋은 친환경 음식**은 바로 곤충이랍니다. 사실 이미 세계 곳곳에는 곤충을 끼니마다 먹는 사람이 20억 명 가까이 있어요. 만약 '나는 절대로 곤충은 못 먹어.'라고 생각한 친구가 있다면 다시 한 번 생각해 보세요. 빵이나 파스타, 면 요리처럼 곡물로 만든 거의 모든 음식에는 수천 마리의 아주 작은 곤충 조각들이 들어 있거든요. 작물을 논밭에서 수확할 때 어쩔 수 없이 곤충이 들어가게 마련이니까요!

귀뚜라미 가루

귀뚜라미 과자

튀긴 밀웜

어마어마한 번식력

만약 우리가 곤충을 너무 많이 먹는다면 곤충이 멸종하지 않을까요? 전혀요! 지구상에는 사람 1명당 50톤을 먹을 수 있을 만큼 많은 곤충이 있어요. 여러분이 아무리 메뚜기를 많이 잡더라도 놓친 한 마리가 번식해서 금세 더 많은 메뚜기를 낳는답니다. 게다가 곤충은 아주 효율적으로 사육할 수 있어서 소나 돼지, 닭보다 **훨씬 많은 고기를 생산하면서도 공간을 덜 차지해요.**

먹을 수 있는 곤충을 식용 곤충이라고 불러요.

꿀은 맛있지만 만들어지는 과정이 특이해요. 꿀은 사실 꿀벌이 토해 낸 토사물이랍니다!

곤충은 왜 친환경 고기일까?

곤충은 굉장히 빠르게 번식하고 자라는 데다 사람이 먹을 수 있는 음식 대신 못 먹는 식물을 먹어요. 게다가 소나 양과 달리 많은 양의 온실 가스를 배출하거나 땅을 많이 사용하지도 않지요. 하지만 아무리 크기가 작아도 동물은 동물이기 때문에 채식주의자들은 먹지 못한답니다.

← 메뚜기 한 마리

곤충 가루부터 파스타, 빵, 버거까지 곤충으로 만든 새로운 음식은 언제나 개발 중이에요.

← 귀뚜라미 파스타

강력 추천 곤충 요리

귀뚜라미
귀뚜라미는 태국에서 굉장히 인기 있는 요리 재료예요. 2만여 개나 되는 양식장이 바쁘게 돌아가면서 귀뚜라미를 키워서 판매하고, 전 세계로 수출까지 하고 있어요. 보통 튀겨서 먹지만 몇몇 식품 회사는 귀뚜라미 단백질에 초콜릿을 씌워 팔기도 하지요.

큰 엉덩이 여왕개미
1년에 몇 주 동안만 수확할 수 있을 정도로 아주 희귀하고 비싼 콜롬비아 음식이에요. 소금물에 담가 두었다가 소금과 함께 구워 먹지요. 그 맛은 아주 놀랍게도 바삭하고 짭짤한 훈제 베이컨과 비슷하답니다.

밀웜
밀웜은 거저리라는 벌레의 애벌레예요. 가장 쉽게 구해서 먹을 수 있는 곤충 요리 재료이고, 암컷이 한 번에 알을 500개까지 낳기 때문에 키우기도 쉬워요. 버섯 같기도 하고 고소한 맛이 나서 맛있는 버섯 요리를 만들 수 있어요!

찾아보기

ㄱ
고기 88-89, 92, 93
고기 대체품 90-91
고추 72-73
곤충 음식 92, 94-95
곰팡이 68-69
공기 건조법 29
과일 16-17, 85, 86-87
광합성 6-7, 93
굽기 24
글루텐 63
껌 38-39

ㄴ
나노 구조 51
냄새 14-17

ㄷ
단백질 8, 9, 58, 88, 92
달걀 9, 31, 58-61
두리안 16-17
똥 22, 79, 82

ㅁ
맛 10-13
메일라드 반응 25, 88
무기질 6, 8, 20-21, 33-34, 88
물 6, 8, 40-41
물병 소용돌이 41
미래의 음식 92-93
미량 영양소 8, 9, 32

ㅂ
바나나 66-67
방귀 30, 82-83
보이지 않는 잉크 56-57
비영양소 8
비타민 8, 32, 84, 88
빵 9, 62-65, 68-69

ㅅ
산성 물질 8, 52
산성-염기성 반응 53, 60-61
삶기 25
색소 18, 22-23
설탕 9, 10, 30, 42, 49, 65, 66, 67, 87
섬유소 87
소금 10, 20-21, 28, 47
소화 78-79, 83
숙성 66-67
숯불구이 25
슬라임 76-77
신맛 11, 52-53
쓴맛 11, 85

ㅇ
아이스크림 44-45
알레르기 69, 70-71
알파벳 E와 숫자 23, 30
양배추 50-51, 54-55
양자 역학 47
양파 74-75, 85
에너지 6, 9, 10, 65, 93
에틸렌 기체 66-67
염기성 물질 52-53, 55, 61
오줌 20, 83
요리법 24-29
위험한 음식 17, 69, 70-71, 74-75, 87
유전자 변형 작물 93
음식 과민증 71
이산화 탄소 6-7, 42, 49, 63, 64-65, 83

ㅈ
저장 음식 21
전자레인지 26-27
절임 음식 28
제빵 24
졸이기 25
지방질 8-9, 24, 45

ㅊ
채소 8, 84-85
철 33, 34-35
첨가제 22, 23, 30
초소수성 50-51
초콜릿 19, 39
치즈 68-69
침 78, 80-81

ㅋ
칼슘 9, 21, 33
캡사이신 72-73
콜라 42-43
클로로필 66

ㅌ
탄산음료 42-43, 49
탄수화물 9, 66, 84
태양열 오븐 27
튀기기 24

ㅍ
팝콘 36-37
팝핑 캔디 48-49
pH 52-53, 55

ㅎ
해조류 23, 93
형광 46-47
화학적 방어 기제 74
효모 62, 64-65, 90
효소 8, 68, 78-79, 80-81, 86
훈제 요리 29

감사 인사

복잡하고 다층적이며 설명하기 힘든 과학을 뜯어고쳐서, 다시 이해하기 쉽게 신나고 재밌는 새로운 구조와 이야기로 연결 붙이고 계시는 전 세계의 모든 훌륭한 선생님들과 부모님을 비롯해 과학을 전파하는 분들에게 이 책을 바칩니다.

DK 팀 전체, 특히 멋진 프로젝트를 제작한 제임스 밋쳄에게 감사 인사를 보냅니다. DML의 잔과 보라, 루이스, 안드레아 셀라, 수지 쉬히, 브로디 톰슨, 엘리자 헤이즐우드, 데이지, 포피도 감사합니다. 멋진 조지아 글린 스미스에게 특히나 큰 감사를 표합니다. 마지막으로 제가 매일 아름답고 멋진 과학에 빛을 비출 새로운 방법을 떠올리게 도와주시는 저의 생방송 무대 공연 관객들에게 큰 소리로 감사 인사를 보내고 싶습니다.
모두 사랑해요!

출판사에서 사진을 사용할 수 있게 허가해 주신 것에 감사드립니다.

(a-위, b-아래, c-중앙, f-뒤, l-왼쪽, r-오른쪽, t-맨 위)

2 Dreamstime.com: Anekoho (br); Grafner (crb). 3 Alamy Stock Photo: SureStock (br); Diana Johanna Velasquez (t). 4 Dreamstime.com: William Berry (bl). 5 Dreamstime.com: Dmitry Abaza (crb). 6-7 Dreamstime.com: Orlando Florin Rosu / Orla (c). 8-9 Dreamstime.com: Maglara (Background). 9 Alamy Stock Photo: D. Hurst (cl). 10 123RF.com: Serhiy Kobyakov (tr). Alamy Stock Photo: Science History Images (ca). 15 Dreamstime.com: Irochka (tc); Paulpaladin (ca). iStockphoto.com: 4kodiak (clb). 16-17 iStockphoto.com: Norasit Kaewsai. 17 123RF.com: Panu Ruangjan / panuruangjan (crb). Dreamstime.com: Shaffandi (br). Fotolia: Eric Isselee (tr). 18 Dorling Kindersley: Stephen Oliver (cla). Alamy Stock Photo: MarkGillow (crb). 20-21 Dreamstime.com: Mona Makela (b). iStockphoto.com: apodiam (c). 21 Dorling Kindersley: The Body Shop (cb); Stephen Oliver (t). 22-23 iStockphoto.com: ansonsaw. 22 123RF.com: Maggie Molloy / agathabrown (bl). Dreamstime.com: Anna Kucherova / Photomaru (tc). 23 123RF.com: aberration (bl). Alamy Stock Photo: WidStock (clb). Dreamstime.com: Baibaz (cr). 26-27 Dreamstime.com: Winai Tepsuttinun. 27 Dreamstime.com: Ckellyphoto (c). Fotolia: He2 (r). 28 123RF.com: Iakov Filimonov (clb). 29 123RF.com: petkov (bl). 30-31 Dreamstime.com: Renzzo (Border). 30 Dreamstime.com: Antoniomaria Iaria (tr). 31 123RF.com: Sucharut Chounyoo (cl); kenmind (tr). Dreamstime.com: Multiart61 (tl). Fotolia: Orkhan Aslanov (cr). 32-33 Dreamstime.com: Okea. 32 Dreamstime.com: Anna Kucherova / Photomaru (crb). 33 Dreamstime.com: Piksel (cra). 34-35 123RF.com: Yuliia Davydenko (b/Background). 36-37 Dreamstime.com: Coffeemill (ca); Ildipapp (c). 37 Dreamstime.com: William Berry (bl); Ra3rn (tc). 38 123RF.com: Coprid (br); Sunnybeach (tr). 39 Alamy Stock Photo: SureStock. Dreamstime.com: Kmiragaya (cl). Getty Images: Howard Berman (tr). iStockphoto.com: Coprid (cla). 40-41 123RF.com: robertsrob (b). 43 Alamy Stock Photo: Martin Shields (l). 44 Dreamstime.com: Ian Andreiev (bl). iStockphoto.com: unpict (cl). 45 Dreamstime.com: Anekoho (br); Grafner (crb). 47 Dreamstime.com: Mona Makela (br); Andrew Buckin / Ka_ru (tc). 48 Alamy Stock Photo: Diana Johanna Velasquez. 50 123RF.com: Sangsak Aeiddam (cl). iStockphoto.com: juliazara (br). 51 Dreamstime.com: Marilyn Gould / Marilyngould (c). 52 123RF.com: Evgeny Karandaev / karandaev (tc). Dreamstime.com: Chernetskaya (bl). 56-57 123RF.com: Olena Kaidash. 56 Dreamstime.com: Reamolko (cr). 57 Dreamstime.com: Chernetskaya (cr). 58 Dreamstime.com: Theo Malings (tr). Dreamstime.com: ansonsaw (cr). 62-63 iStockphoto.com: bergamont. 63 Dreamstime.com: Dmitry Abaza (cr); Denismart (tc); Pr2is (tr). 66 Dreamstime.com: Roman Samokhin (cl). 67 Dreamstime.com: Nickjene (r). 68 Dreamstime.com: Bert Folsom / Treb999 (bl). 70-71 123RF.com: Amphaiwan Mahatavon (cb). 71 Photolibrary: FoodCollection (cl). 74 123RF.com: Gamut Pvt Ltd (cr). 75 Dreamstime.com: Nevinates (c). 81 Alamy Stock Photo: Zoonar GmbH (c). iStockphoto.com: Goldfinch4ever (tc). 82 iStockphoto.com: filmfoto (cl). 84-85 Dreamstime.com: Kurhan (b). 86-87 iStockphoto.com: firina. 88 Dreamstime.com: Dave Bredeson / Cammeraydave (clb). 88-89 123RF.com: dipressionist (Background). 89 Alamy Stock Photo: WENN Rights Ltd (cr). Dreamstime.com: Jakub Gojda (cl); Mexrix (b). 90 123RF.com: Amphaiwan Mahatavon (clb). Dreamstime.com: Anastasiia Skorobogatova (tr). Impossible Foods: (clb/Burger). iStockphoto.com: Nedim_B (crb). 90-91 Dreamstime.com: Stuartbur (b/Fork). 91 123RF.com: Amphaiwan Mahatavon (cb); natika (cla) Dreamstime.com: Fotografieberlin (crb). iStockphoto.com: milanfoto (clb). 92 123RF.com: Eric Isselee / isselee (tc). Dreamstime.com: Tracy Decourcy / Rimglow (cl). Getty Images: Photographer's Choice RF / Jon Boyes. 92-93 123RF.com: dipressionist (Background). 93 Dorling Kindersley: Natural History Museum, London (br). 94 Dreamstime.com: Alle (crb). 95 Alamy Stock Photo: Tim Gainey (l). iStockphoto.com: anamejia18 (cr). 96 Dreamstime.com: Marilyn Gould / Marilyngould (crb).

Cover images: Front: Dreamstime.com: Coffeemill crb

All other images © Dorling Kindersley
For further information see: www.dkimages.com

DK would like to thank:
Sally Beets for editorial assistance, Marie Lorimer for indexing, Sakshi Saluja for picture credits, Anna Wilson for font assistance, and Helene Hilton and Clare Lloyd for helping with photoshoots.